全过程工程咨询市场研究报告
（2023版）

亚太建设科技信息研究院有限公司　组织编写

刘　芳　易冰源　等　著

中国建筑工业出版社

图书在版编目（CIP）数据

全过程工程咨询市场研究报告：2023版 / 亚太建设
科技信息研究院有限公司组织编写；刘芳等著 . —北京：
中国建筑工业出版社，2023.4
ISBN 978-7-112-28608-9

Ⅰ.①全… Ⅱ.①亚… ②刘… Ⅲ.①建筑工程 – 咨
询服务 – 研究报告 – 中国 – 2023 Ⅳ.①F426.9

中国国家版本馆 CIP 数据核字（2023）第 064822 号

责任编辑：张智芊
责任校对：王　烨

全过程工程咨询市场研究报告（2023版）
亚太建设科技信息研究院有限公司　组织编写
刘　芳　易冰源　等 著
＊
中国建筑工业出版社出版、发行（北京海淀三里河路9号）
各地新华书店、建筑书店经销
华之逸品书装设计制版
河北鹏润印刷有限公司印刷
＊
开本：787毫米×1092毫米　1/16　印张：8¾　字数：142千字
2023年5月第一版　　2023年5月第一次印刷
定价：**35.00**元
ISBN 978-7-112-28608-9
（40972）

本书编委会

主 任

刘 芳 易冰源

副主任

曲 艺 彭 翔

成 员

孙凌志 谢方俊 刘金朋

朱 娟 张 慧

编写单位

亚太建设科技信息研究院有限公司

建筑经济杂志社

北京科技大学

北京华慧荧建筑设计咨询有限公司

山东科技大学

湖北中测鸿程工程咨询有限公司

华北电力大学

在供给侧结构性改革和高质量发展的时代背景下，建筑业正在实施以全过程工程咨询为代表的组织模式变革。2017年2月发布的《国务院办公厅关于促进建筑业持续健康发展的意见》(国办发〔2017〕19号)，首次明确提出"培育全过程工程咨询"，开启了工程咨询由专业化分工向全过程、跨阶段、全专业、一体化融合发展的新篇章。国家发展改革委、住房和城乡建设部及各地发展改革、建设行政主管部门针对全过程工程咨询印发了一系列政策、标准及规范性文件，积极引导和大力推动建筑市场相关主体实施全过程工程咨询。

近两年，在相关政策的引导和推动下全过程工程咨询市场已初步形成，但不同地区、不同省市在全过程工程咨询市场规模、服务内容、实施模式等方面差异明显。因此，深刻理解全过程工程咨询改革发展的经济环境、政策环境、市场基础及市场需求，以工程交易信息为基础数据，对近两年全过程工程咨询市场规模及交易特征进行统计研究，剖析全过程工程咨询市场特征及相关市场主体的转型发展趋势，对于推动全过程工程咨询健康、深入地开展，提升工程咨询整体质量，具有重要的现实意义。开展全过程工程咨询市场研究为建设领域各方所关切，既是响应国家及行业改革发展政策之所需，又可为建设单位和工程咨询服务主体提供市场发展全貌及纵横向比较，为行业政策的优化完善，以及项目实施策略和企业发展策略的制定提供鲜活的市场依据。

本研究报告共分6章。第1章阐述研究背景、内容和方法；第2章对全过

程工程咨询市场发展的经济环境、政策环境、市场基础及市场需求进行系统
阐释；第3、4、5章以工程交易数据为基础，分别对东、中、西部地区全过
程工程咨询市场特征进行提炼归纳；第6章分析了全过程工程咨询市场的总
体态势及发展展望，并从政策环境的优化、市场环境的营造及咨询服务主体
的转型发展三个方面展望全过程工程咨询的发展。

　　本书是基于大量工程交易一手信息对全过程工程咨询市场进行的独创性
研究，其中的观点、结论是研究团队基于对行业发展的理解和市场发展的认
知得出的。因囿于市场数据的可得性，以及全过程工程咨询市场发展初期阶
段的差异性和不确定性，研究内容难免有不当或错漏之处，仅供业界参考，
并将在今后的研究中不断改进、完善。

　　　　　　　　　　　　《全过程工程咨询市场研究报告（2023版）》编写组
　　　　　　　　　　　　2023年2月

目录

第1章 概 述

在供给侧结构性改革和高质量发展的时代背景下，建筑业正在实施以全过程工程咨询为代表的组织模式变革。2017年2月发布的《国务院办公厅关于促进建筑业持续健康发展的意见》(国办发〔2017〕19号)，首次明确提出"培育全过程工程咨询"，开启了工程咨询由专业化分工向全过程、跨阶段、全专业、一体化融合发展的新篇章。

国家发展改革委、住房和城乡建设部及各地发展改革、建设行政主管部门针对全过程工程咨询印发了一系列政策、标准及规范性文件，积极引导和大力推动建筑市场相关主体实施全过程工程咨询。近两年，全过程工程咨询市场已初步形成，但各地区的实施进程存在明显差异，不同地区、不同城市在全过程工程咨询市场规模、服务内容、实施模式等方面差异明显。因此，深刻理解全过程工程咨询改革发展的经济环境、政策环境、市场基础及市场需求，以工程交易信息为基础数据，对近两年全过程工程咨询市场规模及交易特征进行统计研究，剖析全过程工程咨询市场特征、实施现状及相关市场主体的转型发展情况，对于推动全过程工程咨询健康、深入地开展，提升工程咨询整体质量，具有重要的现实意义。

1.1　研究背景

全过程工程咨询涉及的产业链条长、市场主体多，其推行与实施备受关注。从咨询服务阶段看，全过程工程咨询横跨投资决策阶段、勘察设计阶段、招标采购阶段、工程施工阶段、竣工验收阶段、运营维护阶段等工程项目建设全过程；从咨询服务专业角度讲，涉及勘察、设计、招标采购、造价管理、项目管理、工程监理等工程咨询全专业；从咨询服务主体角度看，涉及勘察设计企业、招标代理企业、造价咨询企业、工程监理企业、项目管理企业等众多市场主体的业务开展与转型升级，甚至涉及工程咨询类企业组织格局的重构。

2017年2月发布的《国务院办公厅关于促进建筑业持续健康发展的意见》(国办发〔2017〕19号)首次明确提出"培育全过程工程咨询"，这是在建设领域开展工程咨询组织模式变革的重要指导性文件。自此，全过程工程咨询成为建筑业改革和发展的重要内容。同年5月，住房和城乡建设部针对全过程工程咨询模式，开展为期两年的全国性试点，试点企业涉及8省市的40家企业。2019年3月，国家发展改革委、住房和城乡建设部联合印发《国家发展改革委 住房城乡建设部关于推进全过程工程咨询服务发展的指导意见》（发改投资规〔2019〕515号）（以下简称"515号文"），从鼓励发展多种形式全过程工程咨询、重点培育全过程工程咨询模式、优化市场环境、强化保障措施等方面提出一系列政策措施，是全过程工程咨询从政策指引到落地实施的关键性文件。2020年4月，国家发展改革委、住房和城乡建设部联合印发《房屋建筑和市政基础设施建设项目全过程工程咨询服务技术标准（征求意见稿）》（以下简称"标准"），对全过程工程咨询组织模式及人员职责、投资决策综合性咨询、工程建设全过程咨询、工程专项咨询等进行界定。2020年8月，住房和城乡建设部发布《住房和城乡建设部建筑市场监管司关于征求全过程工程咨询服务合同示范文本（征求意见稿）意见的函》。广东省、浙江省、江苏省、湖南省、黑龙江省等各地相继发布推动全过程工程咨询实施的指导意见，全过程工程咨询服务标准、服务导则等标准性文件，以及合同示范文本、招标文件示范文本、招标投标管理暂行办法等示范性文本文件，推动和规范全过程工程咨询的落地实施。

我国的全过程工程咨询尚处在初步发展时期，从国家层面的政策到各地方的文件，在全过程工程咨询的内涵、业务范围、实施模式、委托方式、单位资质要求、咨询人员要求、收费标准等方面还存在较大的模糊性和差异性，建设项目的全过程工程咨询实践也处于多种模式并存、咨询内容及服务标准差别明显的探索性阶段。工程勘察设计、招标代理、造价管理、工程监理、项目管理等工程咨询企业正面临着转型发展全过程工程咨询的机会和考验，也正在实践中不断探索全过程工程咨询的发展之路。2017年至2020年的三年多时间里，全过程工程咨询从政策指引、项目试点，逐渐步入推广应用的实施阶段。2020年至2022年，各地的建设项目，尤其是政府投资项目，在政策的指引下，以及试点项目的经验基础上，纷纷响应建设模式改革号召，积极探索开展全过程工程咨询实践。

现阶段，在国家及行业主管部门政策的强力指引以及与国际工程咨询接轨的间接推动下，建设单位和工程咨询市场主体积极践行，全过程工程咨询市场蓬勃发展。系统、深入地研究全过程工程咨询市场现状及特征，对建筑市场各方主体认清形势和发展需求，具有重要的方向标作用。对建设行政管理部门而言，可以系统地了解全过程工程咨询市场资金规模、发包数量、建设单位属性，以及采用全过程工程咨询的项目属性、实施模式、服务单位数量及联合体特征等，有助于各类政策文件的深化和完善，尤其是对全国各地区之间开展全过程工程咨询差异情况的对比，可以帮助管理部门清晰了解全过程工程咨询推进程度，为管理决策提供坚实参考。对建设单位（发包人）而言，可以全面了解不同地区、不同项目、不同资金来源的建设项目采用全过程工程咨询的整体情况及实施模式，以及全过程工程咨询市场中工程咨询服务主体（中标人）的整体情况，有利于建设单位合理地确定全过程工程咨询的推进范围、服务内容、实施模式，并可择优选择综合服务实力强、有类似工程经验及相关经验丰富的全过程工程咨询服务伙伴。对工程咨询市场服务主体而言，可以系统地掌握各地全过程工程咨询市场规模、项目类型、服务内容，各地咨询服务费标准和水平及实施模式，以及全国范围内主流咨询服务市场主体的市场占有情况，有利于工程咨询市场服务主体制定市场保有或拓展战略，与同业相较，取长补短，制定符合自身的全过程工程咨询转型发展和升级策略，融入全过程工程咨询发展环境，推动全过程工程咨询业务稳健、可持续地发展，全面提升全过程工程咨询服务能力和核心竞争力。因此，开展全过程工程咨询市场研究为建设领域各方所关切，既是响应国家及行业改革发展政策之所需，又可为建设单位和工程咨询服务主体提供全过程工程咨询市场发展全貌及纵横向比较，为行业政策的优化完善，以及项目实施策略和企业发展策略的制定提供鲜活的市场依据。

1.2 研究内容

全过程工程咨询是建设组织模式的重大变革。一方面，全过程工程咨询的落地实施需要强有力的政策导向和标准规范的指引；另一方面，全过程工程咨询的发展完善需要在市场实践中摸索、积累、改善、提高，并反作用于相关政策、标准的逐步完善，最终形成成熟的全过程工程咨询市场。因此，该研究将对全过程工程咨询的发展环境进行分析，基于一手的工程交易信息，对全过程工程咨询市场做全景式描绘。

首先，从宏观经济和建筑经济运行情况、国家及地方层面相关政策特征等方面，全景描述我国全过程工程咨询发展所处的经济环境和政策环境，并进一步探究全过程工程咨询的市场基础和市场需求。

其次，根据地理区位、经济发达程度及建筑业成熟程度，将我国（不含港澳台地区）按照省份划分为东、中、西部地区，选取各地区省会城市、直辖市，必要情况下增选或改选典型城市，通过全国公共资源交易平台及当地公共资源交易平台、公共资源交易网、工程招标办公室、公共资源交易监督管理局等行政管理机构官方渠道，采集2020年7月至2022年6月全过程工程咨询招标投标信息，筛选出建设单位、资金来源、投资额、中标单位、咨询服务内容及服务费中标额等项目基本信息，进一步归纳和梳理项目类型、建设类型、发包人情况、中标人情况、咨询服务费、服务内容与实施模式等。基于此，对东、中、西部地区全过程工程咨询市场特征进行提炼分析，结合全过程工程咨询相关研究成果，分析各地区全过程工程咨询市场特征与发展态势。必要情况下，进行地区内各省市或各地区之间的纵横向比较研究。

最后，基于各地区全过程工程咨询市场特征与发展态势，分析我国全过程工程咨询市场总体态势，研究政策环境的优化、市场环境的营造、咨询服务主体的转型发展等，展望全过程工程咨询市场发展前景。

本研究拟采用的技术路线图如图1-1所示。

1.3 研究方法

（1）调查研究法。对于东部、中部和西部地区全过程工程咨询市场的发展情况，主要采用调查研究的方法，通过公共资源交易平台等行政管理机构官方渠道，采集工程招标投标信息，筛选出全过程工程咨询服务相关的项目基本信息。

（2）数量研究法。通过对全过程工程咨询项目基本信息进行归纳、梳理，分析全过程工程咨询市场规模、项目类型、资金性质、发包主体、咨询服务主体、咨询服务内容与模式、咨询服务费标准等特征，认识和揭示全过程工程咨询市场特征与发展态势。

（3）比较分析法。针对特定研究内容，进行地区内各省市或各地区之间的纵

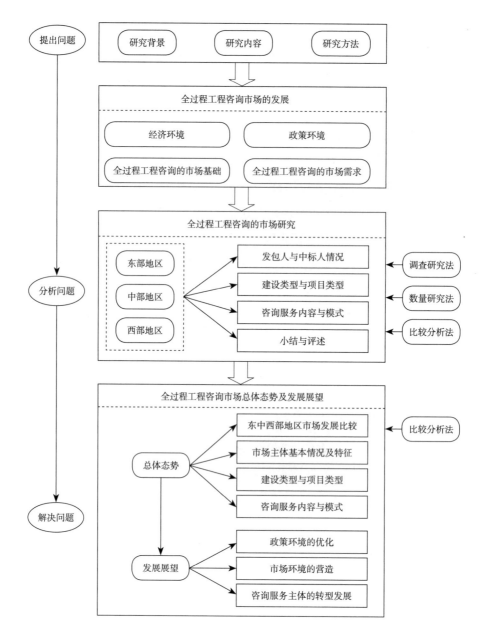

图1-1 技术路线

横向比较研究；针对不同类型的建设项目，进行咨询服务内容与模式、咨询服务费标准等对比研究。

第 2 章　全过程工程咨询
市场的发展

2017年以来，在国家及行业部门的大力引导和推动下，建筑市场各方主体积极响应、践行，全过程工程咨询市场快速发展。总体来看，全过程工程咨询市场的发展得益于宏观经济环境和基础设施建设规模整体向好的经济环境，也得益于国家和地方层面积极的政策环境。建设单位积极推动建设项目的全过程工程咨询招标，激发全过程工程咨询强烈的市场需求，各类工程咨询服务单位积极响应，初步发展的全过程工程咨询市场已呈现出一定的市场特征及地区差异性，值得深入探究，以推动全过程工程咨询的健康、可持续发展。

2.1 经济环境

2.1.1 宏观经济环境

蓬勃稳健的宏观经济环境，是全过程工程咨询乃至建筑业稳步发展的基础。近年来，我国国内生产总值稳步增长，政府投资建设项目投资规模总体稳定，建筑业总产值虽增速放缓，但整体上看仍呈稳定增长态势。

1.经济总量

国家统计局数据显示，2021年国内生产总值为1143670亿元，比上年增长12.84%。其中，第一产业增加值为83086亿元，比上年增长7.1%；第二产业增加值为450904亿元，增长8.2%；第三产业增加值为609680亿元，增长8.2%。从表2-1和图2-1可以看出，从2012年到2021年，国内生产总值逐年增高，国内生产总值增速逐渐放缓，表明我国经济总体增长放缓。2020年，国内生产总值增速骤然下行，2021年国内生产总值增速又陡然上升，虽然在2020年出现增速放缓，但2021年的逆势上升，显现出我国国内生产总值强劲的生命力，国内经济形势整体向好。稳健的宏观经济环境为我国全过程工程咨询市场的发展铸就了坚实的基础。

2.固定资产投资

全社会固定资产投资是以货币表现的建造和购置固定资产活动的工作量，是

2012～2021年国内生产总值及增长态势 表2-1

项目	2012年	2013年	2014年	2015年	2016年
国内生产总值（亿元）	538580	592963.2	643563.1	688858.2	746395.1
国内生产总值比上年增长（%）	10.38	10.1	8.53	7.04	8.35
项目	2017年	2018年	2019年	2020年	2021年
国内生产总值（亿元）	832035.9	919281.1	986515.2	1013567	1143670
国内生产总值比上年增长（%）	11.47	10.49	7.31	2.74	12.84

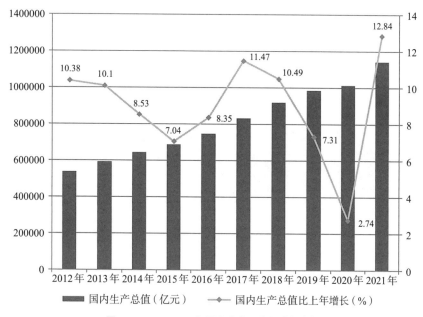

图2-1 2012～2021年国内生产总值及增长态势

反映固定资产投资规模、速度、比例关系和使用方向的综合性指标。按照管理渠道，全社会固定资产投资总额分为基本建设、更新改造、房地产开发投资和其他固定资产投资四个部分。

根据国家统计局公布的数据，2012～2021年全社会固定资产投资额及增长速度如表2-2和图2-2所示。可以看出，近十年全社会固定资产投资总额稳步提高，2020年之前，投资总额增速逐年放缓，2021年又逆势上升，增长较快。随着经济形势逐步好转，固定资产投资也有望恢复快速增长。

3.形势研判

近十年间，国内生产总值、固定资产投资整体上均呈现稳健的增长态势，增长速度虽有波动，但整体的增长趋势较为明朗。受外部环境影响，2020年均出

表2-2

项目	2012年	2013年	2014年	2015年	2016年
全社会固定资产投资（亿元）	281684	329318	373637	405928	434364
全社会固定资产投资比上年增长（%）	18	16.9	13.5	8.6	7
项目	2017年	2018年	2019年	2020年	2021年
全社会固定资产投资（亿元）	461284	488499	513608	527270	552884.2
全社会固定资产投资比上年增长（%）	6.2	5.9	5.1	2.7	4.9

2012～2021年全社会固定资产投资总额及增速

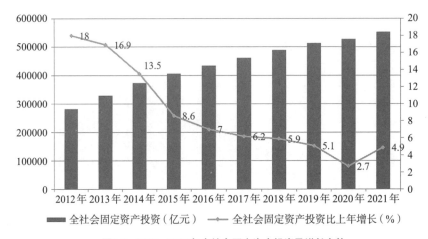

图2-2 2012～2021年全社会固定资产投资及增长态势

现增速放缓甚至大幅下降；2021年外部环境影响逐步减弱，各项数据又呈现出逆势上涨。可以预见，随着经济发展环境的逐步稳定，各项经济指标逐渐向好，将为建设领域投资提供平稳健康的宏观经济环境。

2.1.2 建筑经济环境

1.建筑业总产值

国家统计局数据显示，2021年建筑业总产值为293079.31亿元。从表2-3和图2-3可以看出，2012年至2021年，我国的建筑业总产值逐年增高。2012年至2015年的建筑业总产值增长率逐年降低，2015年至2021年的建筑业总产值增长率虽有波动，但是始终保持正增长状态。

2.基础设施投资

基础设施是国民经济各项事业发展的基础，包括交通、能源、水利、科研与技术服务、园林绿化、文化教育、卫生事业等市政公用工程设施和公共生活服务

2012～2021年建筑业总产值及增速　　　　　　　　　　表2-3

项目	2012年	2013年	2014年	2015年	2016年
建筑业总产值（亿元）	137217.86	160366.06	176713.42	180757.47	193566.78
建筑业总产值比上年增长（%）	17.82	16.87	10.19	2.29	7.09
项目	2017年	2018年	2019年	2020年	2021年
建筑业总产值（亿元）	213943.56	225816.86	248443.27	263947.39	293079.31
建筑业总产值比上年增长（%）	10.53	5.55	10.02	6.24	11.04

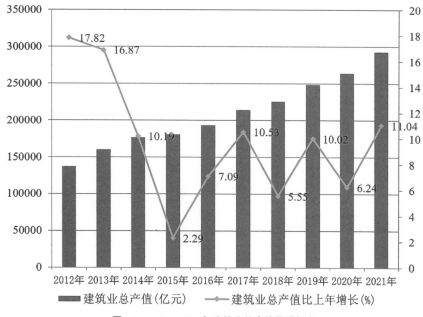

图2-3　2012～2021年建筑业总产值及增长率

设施等，以及以信息网络为核心的5G基站、特高压、城际高速铁路和城市轨道交通、新能源汽车充电桩、大数据中心、人工智能、工业互联网等新型基础设施，在国家发展全局中具有战略性、基础性、先导性作用。

　　"十三五"时期是我国基础设施网络加快完善的关键时期，基础设施网络布局持续完善，整体质量显著提升，综合效率明显提高。"十三五"时期，综合交通网络规模由2015年底的483万公里增加到2019年底的530万公里，光缆总长度由2486万公里增加到4750万公里，发电装机容量由15.3亿千瓦增加到20.1亿千瓦，220千伏及以上输电线路由60.9万公里增加到75.5万公里，输油（气）管道里程由10.9万公里增加到15万公里，水库总库容由8581亿立方米增加到9035亿立方米，农田有效灌溉面积由6587万公顷增加到6827万公顷，约占全球总灌溉面积的五分之一，城市基础设施综合承载能力不断增强。高速铁路营业里程、高速公路通车里程、城市轨道交通运营里程、港口万吨级及以上泊位数、电力装机、电网规模、第四代移动通信（4G）网络规模等均居世界第一。"十四五"规划和2035年远景目标纲要提出，"十四五"时期要统筹推进传统基础设施和新型基础设施建设，打造系统完备、高效实用、智能绿色、安全可靠的现代化基础设施体系。

据国家发展改革委网站公布的数据，2018～2021年基础设施投资及增长情况如表2-4和图2-4所示。可以看出，我国基础设施投资始终保持正向增长，但增长幅度有所趋缓，从2018年的3.8%，放缓到2021年的0.4%。然而，2022年上半年全国基础设施投资（不含电力、热力、燃气及水生产和供应业）同比增长7.1%。2022年上半年基础设施投资增长迅猛，一方面是由于2021年增长率基数较小，另一方面也展示出国家加大基础设施投资的趋向。因此，未来一段时间的基础设施投资规模会有比较积极的预期。

2018～2021年基础设施投资增长率 表2-4

年份	基础设施投资增长率（%）	基础设施投资中按行业划分增长率（%）			
		铁路运输业	道路运输业	水利管理业	公共设施管理业
2018	3.80	—	—	—	—
2019	3.80	−0.10	9	1.40	0.30
2020	0.90	−2.20	1.80	4.50	−1.40
2021	0.40	−1.80	−1.20	1.30	−1.30

注：2021年基础设施投资不含电力、热力、燃气及水生产和供应业。
数据来源：国家发展改革委网站。

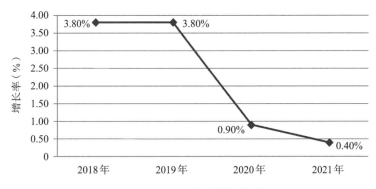

图2-4　2018～2021年基础设施投资增长率

3.形势研判

近年来，建筑业总产值稳步增长，并呈现出加快趋势。"十四五"新型城镇化建设将有效释放基础设施建设需求。新型城市建设将顺应城市发展新趋势，加快转变城市发展方式，建设宜居、韧性、创新、智慧、绿色、人文城市，打造人民高质量就业和高品质生活的空间，不断满足人民日益增长的美好生活需要。市政公用设施、城市住房体系、城市更新改造、公共卫生防控救治体系、管网更新改造和地下管廊建设、国家自主创新示范区、高新技术产业开发区、经济技术开发区、城市智慧化改造、生态修复和环境保护等基础设施建设需求将进一步加大，5G基站、特高压、城际高速铁路和城市轨道交通、新能源汽车充电桩、大数据中心、人工智能、工业互联网等新型基础设施，也将迎来新一轮建设高潮。

2.2　政策环境

政策具有明显的导向作用，既包括对市场主体行为的引导，也包括观念的引导。积极的政策环境有利于激发市场活力，引导市场平稳、健康发展。为推动全过程工程咨询的发展，一系列政策纷纷出台。这些政策基本可以概括为"两层面三序列"。"两层面"是指国家、地方两个层面；"三序列"是指实施意见或指导意见、技术（服务）标准（指引或导则）、招标投标办法或合同范本等，从不同角度对全过程工程咨询的实施作出指引。

2.2.1　国家层面政策

国家层面政策是指国务院及国家各部委发布的政策文件，指导全国范围内全过程工程咨询的开展，为全过程工程咨询的实施营造基本的政策环境。自2017年起，国务院办公厅、住房和城乡建设部、国家发展改革委等陆续发布全过程工程咨询相关政策文件，引导和推动全过程工程咨询的发展。国家层面政策对全过程工程咨询的背景、目的、定位、模式等提出了指导性意见，是指导建筑市场进行工程咨询组织模式变革的根本性政策。以2017年2月发布的《国务院办公厅关于促进建筑业持续健康发展的意见》（国办发〔2017〕19号）为首和重要代表的国家层面全过程工程咨询相关政策及要点如表2-5所示。

国家层面全过程工程咨询相关政策及内容要点　　　　　　　　表2-5

序号	政策	发布机构及时间	内容要点
1	《国务院办公厅关于促进建筑业持续健康发展的意见》	国务院办公厅，2017年2月	1.首次提出"全过程工程咨询"，指明"培育全过程工程咨询"是"完善工程建设组织模式"的重要方向之一。 2.鼓励投资咨询、勘察、设计、监理、招标代理、造价等企业采取联合经营、并购重组等方式发展全过程工程咨询，培育一批具有国际水平的全过程工程咨询企业。 3.提出"制定全过程工程咨询服务技术标准和合同范本"的工作要求。 4.政府投资工程应带头推行全过程工程咨询，鼓励非政府投资工程委托全过程工程咨询服务。 5.在民用建筑项目中，充分发挥建筑师的主导作用，鼓励提供全过程工程咨询服务
2	《住房城乡建设部关于开展全过程工程咨询试点工作的通知》	住房和城乡建设部，2017年5月	1.确定北京、上海、江苏、浙江、福建、湖南、广东、四川8省市及40家企业开展全过程工程咨询试点，为期2年。后经广西、陕西申请，住房和城乡建设部同意其为试点省份。 2.从制订试点工作方案、创新管理机制、实现重点突破、确保项目落地、实施分类推进、提升企业能力、总结推广经验等七个方面提出了试点工作要求，为各地试点的具体实施提供了方向性指引和要求
3	《工程勘察设计行业发展"十三五"规划》	住房和城乡建设部，2017年5月	1.提出工程勘察设计行业的重要发展目标之一，就在于"推广工程总承包制，发展全过程工程咨询，培育一批具有国际竞争力的工程顾问咨询公司和工程公司"。 2.积极利用工程勘察设计的先导优势，拓展覆盖可行性研究、项目策划、项目管理等工程建设全生命周期的技术支持与服务，提高工程项目建设水平。 3.鼓励企业采取联合经营、并购重组等方式发展全过程工程咨询，培育一批具有国际水平的全过程工程咨询企业。 4.开展全过程工程咨询服务试点，探索总结全过程工程咨询的服务模式和监管方式。 5.促进大型企业向具有项目前期咨询、项目管理和融资等集成化服务能力的工程公司或工程顾问咨询公司发展，中小型企业向具有较强专业技术优势的专业公司发展。 6.鼓励有条件的企业以设计和研发为基础，以自身专利及专有技术为优势，拓展装备制造、设备成套、项目运营维护等相关业务，逐步形成工程项目全生命周期的一体化服务体系
4	《住房城乡建设部关于促进工程监理行业转型升级创新发展的意见》	住房和城乡建设部，2017年7月	1.将"行业组织结构更趋优化，形成以主要从事施工现场监理服务的企业为主体，以提供全过程工程咨询服务的综合性企业为骨干，各类工程监理企业分工合理、竞争有序、协调发展的行业布局。监理行业核心竞争力显著增强，培育一批智力密集型、技术复合型、管理集约型的大型工程建设咨询服务企业"作为主要目标。 2."鼓励支持监理企业为建设单位做好委托服务的同时，进一步拓展服务主体范围，积极为市场各方主体提供专业化服务"实现"引导监理企业服务主体多元化"

续表

序号	政策	发布机构及时间	内容要点
4	《住房城乡建设部关于促进工程监理行业转型升级创新发展的意见》	住房和城乡建设部，2017年7月	3."鼓励监理企业在立足施工阶段监理的基础上，向'上下游'拓展服务领域，提供项目咨询、招标代理、造价咨询、项目管理、现场监督等多元化的'菜单式'咨询服务"，并指出"对于选择具有相应工程监理资质的企业开展全过程工程咨询服务的工程，可不再另行委托监理"。 4."鼓励监理企业积极探索政府和社会资本合作（PPP）等新型融资方式下的咨询服务内容、模式"，以此创新工程监理服务模式。 5.通过"鼓励大型监理企业采取跨行业、跨地域的联合经营、并购重组等方式发展全过程工程咨询，培育一批具有国际水平的全过程工程咨询企业"来提高监理企业核心竞争力
5	《关于在民用建筑工程中推进建筑师负责制的指导意见（征求意见稿）》	住房和城乡建设部，2017年12月	1.将"推进民用建筑工程全寿命周期设计咨询管理服务，从设计阶段开始，由建筑师负责统筹协调各专业设计、咨询机构及设备供应商的设计咨询管理服务，在此基础上逐步向规划、策划、施工、运维、改造、拆除等方面拓展建筑师服务内容，发展民用建筑工程全过程建筑师负责制"作为总体目标。 2.建筑师负责制是以担任民用建筑工程项目设计主持人或设计总负责人的注册建筑师（以下称为建筑师）为核心的设计团队，依托所在的设计企业为实施主体，依据合同约定，对民用建筑工程全过程或部分阶段提供全寿命周期设计咨询管理服务，最终将符合建设单位要求的建筑产品和服务交付给建设单位的一种工作模式，它是一种新的建设组织模式。 3."推进建筑师负责制，充分发挥建筑师主导作用，鼓励提供全过程工程咨询服务"，建筑师（设计企业）业务范畴向两端延伸至规划和运营、拆除阶段，符合全过程工程咨询破除阶段割裂、碎片化弊端的要求，更像是在全过程工程咨询发展要求下，从设计专业或设计咨询角度出发的一体化技术和管理工作尝试
6	《工程咨询行业管理办法》	国家发展改革委，2017年11月	1.全过程工程咨询正式列入工程咨询服务范围。 2.全过程工程咨询：采用多种服务方式组合，为项目决策、实施和运营持续提供局部或整体解决方案以及管理服务。 3.有关工程设计、工程造价、工程监理等资格，由国务院有关主管部门认定。 4.鼓励投资咨询、勘察设计、监理等企业拓展业务范围，延伸服务内容，发展全过程工程咨询
7	《国家发展改革委 住房城乡建设部关于推进全过程工程咨询服务发展的指导意见》	国家发展改革委、住房和城乡建设部，2019年3月	1.大力提升投资决策综合性咨询水平，规范投资决策综合性咨询服务方式，充分发挥投资决策综合性咨询在促进投资高质量发展和投资审批制度改革中的支撑作用。鼓励项目单位采用投资决策综合性咨询，减少分散专项评价评估，避免可行性研究论证碎片化。 2.以工程建设环节为重点推进全过程咨询，探索工程建设全过程咨询服务实施方式。工程建设全过程咨询服务应当由一家具有综合能力的咨询单位实施，也可由多家具有招标代理、勘察、设计、监理、造价、项目管理等不同能力的咨询单位联合实施

序号	政策	发布机构及时间	内容要点
7	《国家发展改革委 住房城乡建设部关于推进全过程工程咨询服务发展的指导意见》	国家发展改革委、住房和城乡建设部，2019年3月	3.政府投资项目要优先开展综合性咨询。要充分发挥政府投资项目和国有企业投资项目的示范引领作用，鼓励民间投资项目的建设单位实施工程建设全过程咨询。 4.促进工程建设全过程咨询服务发展，明确工程建设全过程咨询服务人员要求
8	《房屋建筑和市政基础设施建设项目全过程工程咨询服务技术标准（征求意见稿）》	国家发展改革委、住房和城乡建设部，2020年4月	1.全过程工程咨询的服务范围覆盖项目投资决策和建设实施全过程，并伴有传统专项咨询业务。 2.全过程工程咨询的咨询内容兼顾技术咨询和管理咨询服务内容。 3.明确了全过程工程咨询及专项咨询中的一些共性要求。明确了全过程工程咨询的组织模式及工作要求，以及咨询项目负责人及相关咨询人员职责。 4.明确了投资决策阶段综合性咨询和工程建设全过程咨询的内容、程序及成果。其中，工程建设全过程咨询包括：工程勘察设计咨询、工程招标采购咨询、工程监理与施工项目管理服务三个部分。 5.明确了一些目前较传统的工程专项咨询的内容、程序及成果，包括融资咨询、工程造价咨询、信息技术咨询、风险管理咨询、后评价咨询、建筑节能与绿色建筑咨询、工程保险咨询等
9	《全过程工程咨询服务合同示范文本（征求意见稿）》	住房和城乡建设部，2020年8月	1.合同示范文本由协议书、通用合同条件和专用合同条件三部分组成。 2.合同协议书主要包括项目概况、服务范围、期限、费用等，集中约定了协议双方的基本权利义务。 3.通用合同条件对咨询服务的实施及相关事项、双方的权利义务作出原则性约定，包括一般规定、委托人、咨询人、服务要求和成果、服务费用和支付、违约责任等。 4.专用合同条件可对相应通用条件中的原则性约定进行细化、完善、补充、修改或另行约定，包括服务范围、服务费用和支付、进度计划以及咨询人主要咨询人员等

对国家层面发布的全过程工程咨询重要政策文件进行梳理，可以更好地认识政策脉络和趋向，也可以更好地为市场主体提供参考。

1.全过程工程咨询的提出及其背景

为深化工程领域咨询服务供给侧结构性改革，破解工程咨询市场存在的建设单位对综合性、跨阶段、一体化咨询服务日益增长的需求与现行制度造成的单项服务供给模式之间的供需矛盾，创新咨询服务组织实施方式，2017年2月，《国务院办公厅关于促进建筑业持续健康发展的意见》(国办发〔2017〕19号）提出"培育全过程工程咨询"。各部委、各地陆续发布全过程工程咨询相关政策性文件。

随着建筑市场的逐步成熟和完善，建设组织模式变革需求日渐旺盛。通过研读全过程工程咨询各项相关政策，不难看出，全过程工程咨询的提出是建筑业改革与发展的重要方向，是在供给侧结构性改革和高质量发展背景下的转型探索。515号文指出，为深化工程领域咨询服务供给侧结构性改革，破解工程咨询市场供需矛盾，必须完善政策措施，创新咨询服务组织实施方式，大力发展以市场需求为导向、满足委托方多样化需求的全过程工程咨询服务模式。随着我国固定资产投资项目建设水平逐步提高，为更好地实现投资建设意图，投资者或建设单位在固定资产投资项目决策、工程建设、项目运营过程中，对综合性、跨阶段、一体化的咨询服务需求日益增强。这种需求与现行制度造成的单项服务供给模式之间的矛盾日益突出。全过程工程咨询可以为固定资产投资及工程建设活动提供高质量智力技术服务，全面提升投资效益、工程建设质量和运营效率，推动高质量发展。

从建筑市场的实际情况看，全过程工程咨询的提出在一定程度上受到国际工程顾问公司的启发，用以破解我国工程咨询领域存在的问题。

国际工程顾问公司区别于国内的设计院和监理公司，在工程咨询服务方面取得了令人瞩目的成就。国际工程顾问公司提供的全过程工程咨询服务，包括向业主提供全生命周期的工程顾问服务，以满足业主的需求。典型的国际工程顾问公司的服务内容，涵盖五个方面：一是前期研究和设计，包括项目定义、方案设计、编制功能描述书、可行性研究、投资规划；二是项目管理，包括项目集管理、设计管理、项目管理、财务法务管理支持；三是工程设计领域，包括技术规格说明、设计、详细设计、施工图、工程概预算；四是工程施工领域，包括监督、工料测量、施工管理、（项目总承包）合同管理；五是资产管理，包括运维方案、监控、设施管理、样品测量、数据整理。从这些服务内容可以看出，国际工程顾问公司提供的服务内容更系统且整体性更强，这样的模式有利于工程咨询企业从整体上把握项目的投资、进度和质量，更好地实现项目建设意图，满足项目业主对综合性、跨阶段、一体化的咨询服务的需求。

515号文指出："改革开放以来，我国工程咨询服务市场化快速发展，形成了投资咨询、招标代理、勘察、设计、监理、造价、项目管理等专业化的咨询服务业态，部分专业咨询服务建立了执业准入制度，促进了我国工程咨询服务专业化水平提升。"然而，工程建设管理是一个整体性的、持续的、动态的过程。专业化工程咨询服务存在多头主管、管理内容重复交叉问题，导致工程咨询服务产业链条松散化和碎片化，迫切需要进行整体治理。要解决碎片化问题，就要进行有机协调和整合，不断从分散走向集中，从部分走向整体，从破碎走向整合，各专业间相互协同、融合，为建设单位提供综合性、一体化的整体型服务。

综上所述，全过程工程咨询的应运而生是建筑市场的内在需求，也是与国际接轨、破解我国工程咨询市场难题的重要举措，将有力推动工程建设组织模式变革，进而对建筑市场，尤其是工程咨询市场产生重大而深远的影响。同时也应该看到，全过程工程咨询肩负着提升投资效益、工程建设质量和运营效率的重任，这也应该成为全过程工程咨询探索发展的基本出发点和实施的最终目的。

2.工程咨询组织模式变革的实质

全过程工程咨询是现阶段重要的变革政策，其核心是提供工程咨询服务的组织模式发生了改变。传统的工程咨询模式可以概括为"大业主、小咨询"的组织模式，项目业主分别与投资咨询、勘察设计、招标代理、造价咨询、工程监理、运营维护、项目后评价等工程咨询类公司签订咨询合同，由咨询公司为工程项目提供"分段式""专业化"的咨询服务。咨询公司独立开展咨询服务，并向业主负责，各项咨询业务融合度较低。传统工程咨询模式下，咨询服务人才偏向"专业化"，并有与之相适应的执（职）业资格体系，如咨询工程师（投资）、建筑师、结构工程师、招标师、造价工程师、监理工程师、建造师等。传统的工程咨询模式如图2-5所示。

全过程工程咨询的组织模式发生了重要变化，即由传统的"大业主、小咨询"转变为"小业主、大咨询"。项目业主与全过程工程咨询牵头单位（或联合

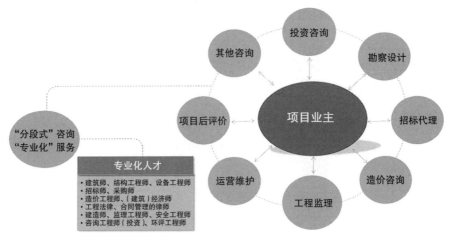

图2-5 传统的工程咨询模式

体）签订全过程工程咨询合同，由其向业主负责，提供"全过程""集成化"的咨询服务。对于牵头单位无资质或无能力独立完成的咨询服务，可以再委托其他咨询单位完成，但均由牵头单位向业主负责（图2-6）。全过程工程咨询模式下，咨询服务人才需求是"复合型"，即懂技术、懂管理、懂经济、懂法律的"一专多能"或"多专多能"人才。

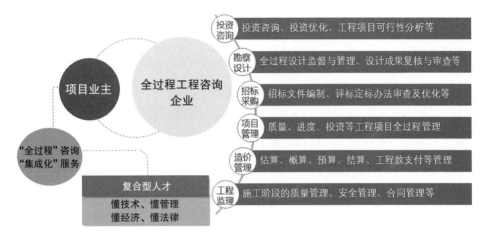

图2-6　全过程工程咨询模式

3. 全过程工程咨询的"弹性"服务模式

住房和城乡建设部发布的《房屋建筑和市政基础设施建设项目全过程工程咨询服务技术标准（征求意见稿）》（以下简称《标准》）指出："全过程工程咨询业务宜由一家具有相应资质和能力的工程咨询单位承担，也可由若干家具有相应资质和能力的工程咨询单位以联合体式承担。全过程工程咨询业务以联合体方式承担的，应在联合体各方共同与委托方签订的全过程工程咨询合同中明确联合体牵头单位及联合体各方咨询项目负责人。"《标准》还指出："由于全过程工程咨询的内涵非常丰富，工程咨询方在工程咨询实践中的角色会有多种，咨询服务范围和内容也会非常有'弹性'，每一个全过程工程咨询项目未必都是从项目投资决策阶段开始，直至竣工验收为止的全过程咨询。"

因此，当前阶段的全过程工程咨询，还处于探索性实施阶段，与全过程、全专业集成的工程咨询服务尚有一定距离，但未来的发展趋势是明朗的，即各专业高度集成、全过程的工程咨询服务，只有这样才能真正促进各专业的相互融合，提高咨询质量和效率，进而提升建设项目的投资效益和管理效率。由于全过程工程咨询刚刚起步，能够独立提供全过程咨询全部服务的单位数量不多，实践中多以联合体的形式承接业主的全过程工程咨询委托。

4.全过程工程咨询市场的"硬约束"

全过程工程咨询市场的"硬约束"主要体现在企业资质、执业资格和委托方式三个方面。515号文指出，全过程工程咨询业务应由具有相应能力和业绩的工程咨询方承担，其中涉及工程勘察、设计、监理、造价等咨询业务的，应由具有相应资质的工程咨询类单位承担。《标准》指出，全过程工程咨询业务涉及勘察、设计、监理、造价咨询业务的，工程咨询方应分别委派具有相应职业资格和业务能力的专业人员担任勘察负责人、设计负责人、总监理工程师、造价咨询项目负责人。全过程工程咨询项目负责人具备相应职业资格条件的，可同时担任该项目的勘察负责人、设计负责人、总监理工程师或造价咨询项目负责人，但最多只能同时兼任其中两个岗位负责人。《标准》还指出，委托方可通过招标或直接委托方式委托全过程工程咨询业务。对于依法必须招标的工程咨询项目，在项目立项后即可通过招标方式委托工程咨询方实施全过程工程咨询。市场实践中，由于直接委托方式的监管风险较高，建设单位往往较少采用，而更倾向于招标等公开的委托方式。可见，全过程工程咨询项目的委托方式基本没有变。

由此可见，全过程工程咨询模式下，对企业资质和职业资格的要求没有变，全过程工程咨询的委托方式基本没有变，仍然保留原有执业和市场"门槛"。同时，《标准》提出"全过程工程咨询强调智力性策划、多阶段集成，通过对建设方案进行技术经济分析论证和实施全过程管控，为委托方投资决策和建设管理提供增值服务。"这就要求工程咨询企业夯实人才基础，唯有通过提供智力性咨询服务，为工程建设项目"增值"，才能体现工程咨询企业的价值。如果说，企业资质和职业资格是"硬门槛"，咨询服务能力就是工程咨询企业的"软实力"，软硬兼备，才能实现全过程工程咨询提高投资效益的目的。

2.2.2 地方层面政策

在国家的大力推动之下，各地方政府也在积极推进本地的全过程工程咨询试点。江苏、浙江、上海、广东、山东、湖南、四川、广西、福建、陕西、河南、安徽、内蒙古、宁夏、重庆、贵州、吉林、黑龙江、江西、山西、河北、北京、湖北等多个省（市、自治区）发布了全过程工程咨询试点方案或发展意见，反映了各省份的全过程工程咨询发展进程。总体而言，全过程工程咨询试点省份发布相关政策意见、工作方案的时间相对较早，且全过程工程咨询招标文件或合同示范文本（简称"示范文本"），以及导则、标准或指引的发布情况也明显优于非试点地区。试点省份中，浙江、江苏、湖南早在2018年就已经出台导则、标准、示范文本等政策文件，反映出这些省份为推动全过程工程咨询积极创造相应的政策环境。

　　为了准确把握各地全过程工程咨询发展的脉络，按照东部地区、中部地区、西部地区梳理了各省（市、自治区）关于全过程工程咨询的重要政策文件，如图2-7所示。图2-7中，住房和城乡建设部发布的试点省市以"白色圆圈"表示，包括：北京、上海、浙江、江苏、福建、湖南、广东、广西、陕西、四川，共计10个省（市、自治区）。加下划线部分为各省（市、自治区）发布的全过程工程咨询服务导则、指引或标准，斜体部分为各省（市、自治区）发布的全过程工程咨询合同或招标文件示范文本。

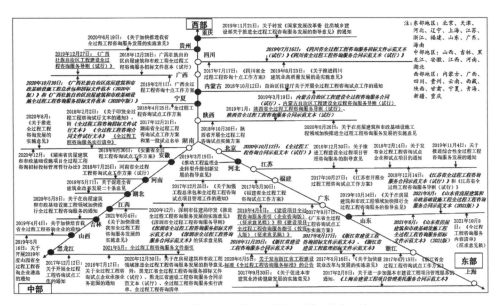

图2-7　东中西部地区全过程工程咨询政策文件发布情况

　　地方层面的政策是在国家层面政策的指导下，基于各地建筑市场实际情况对全过程工程咨询的积极探索。对地方层面政策进行研读、对比，可以更清晰地把握建筑市场实施全过程工程咨询的路径和具体策略。提取31个省（市、自治区）发布的全过程工程咨询实施方案方面的政策文件，汇总如表2-6所示。

各地全过程工程咨询实施方案方面政策汇总　　　　　　　　　表2-6

编号	省（市、自治区）	文件名称
1	北京	《北京市建筑师负责制试点指导意见（征求意见稿）》
2	上海	《关于促进本市建筑业持续健康发展的实施意见》
		《上海市住房和城乡建设管理委员会关于进一步加强本市建设工程项目管理服务的通知》
		关于印发《上海市建筑师负责制扩大试点实施办法（试行）》的通知
3	江苏	《江苏省开展全过程工程咨询试点工作方案》
4	浙江	《浙江省推进全过程工程咨询试点工作方案》
5	福建	《福建省全过程工程咨询试点工作方案》
6	湖南	《湖南省全过程工程咨询试点工作方案》《湖南省全过程工程咨询第一批试点名单》
7	广东	《广东省全过程工程咨询试点工作实施方案》
8	四川	《四川省全过程工程咨询试点工作方案》
9	广西	《广西全过程工程咨询试点工作方案》
10	陕西	《关于在房屋建筑和市政基础设施工程领域加快推进全过程工程咨询服务发展的实施意见》
11	山东	《关于在房屋建筑和市政工程领域加快推行全过程工程咨询服务的指导意见》
12	河南	《河南省全过程工程咨询试点工作方案（试行）》
13	安徽	《安徽省开展全过程工程咨询试点工作方案》
14	江西	《关于加快推进我省全过程工程咨询服务发展的实施意见》
15	湖北	《关于促进全省建筑业改革发展二十条意见》
16	贵州	《关于加快推进我省全过程工程咨询服务发展的实施意见》
17	重庆	《重庆市发展和改革委员会 重庆市住房和城乡建设委员会关于转发〈国家发展改革委 住房城乡建设部关于推进全过程工程咨询服务发展的指导意见〉的通知》
18	河北	《推动工程监理企业转型升级创新发展的指导意见》
19	山西	《关于开展2019年度山西省全过程工程咨询企业遴选的通知》
20	宁夏	《全过程工程咨询试点工作方案》
21	内蒙古	《内蒙古自治区住房和城乡建设厅关于开展全过程工程咨询试点工作的通知》
22	吉林	《吉林省推进房屋建筑和市政基础设施工程全过程咨询服务的实施意见》
23	黑龙江	《关于开展全过程工程咨询试点工作的通知》
24	辽宁	《辽宁省人民政府办公厅关于促进建筑业高质量发展的意见》
25	海南	《关于推进房屋建筑和市政基础设施工程全过程工程咨询服务的实施意见（二次征求意见稿）》
26	西藏	《关于加快推进房屋建筑和市政基础设施项目全过程工程咨询服务发展的实施意见》

续表

编号	省（市、自治区）	文件名称
27	云南	《云南省人民政府办公厅关于促进建筑业持续健康发展的实施意见》
28	甘肃	《甘肃省关于在房屋建筑和市政基础设施工程领域推进全过程工程咨询服务发展的实施意见》
29	青海	《青海省住房和城乡建设厅关于推进全过程工程咨询服务发展的通知》
30	新疆	《关于在自治区房屋建筑和市政基础设施领域推进全过程工程咨询服务的实施意见（征求意见稿）》
31	天津	《关于印发〈滨海新区全过程工程咨询服务实施指导意见〉〈滨海新区全过程工程咨询服务清单〉〈滨海新区全过程工程项目管理服务清单〉的通知》； 《天津市全过程工程咨询服务导则》

基于各地发布的实施方案方面的政策文件，基于全过程工程咨询试点工作开展以来的实施现状，结合部分地区和项目的调研情况，可以总结出各地政策的共性特点的显著差异，主要体现在以下四个方面。

1.政府投资项目带头作用明显

《国务院办公厅关于促进建筑业持续健康发展的意见》（国办发〔2017〕19号）明确提出，政府投资工程应带头推行全过程工程咨询，鼓励非政府投资工程委托全过程工程咨询服务。在此要求之下，各省（市、自治区）在开展和实施全过程工程咨询试点时，对本省（市、自治区）适合开展全过程工程咨询试点的项目进行了说明，各地试点项目选取原则如表2-7所示。

各省（市、自治区）全过程工程咨询试点项目的选取原则　　　表2-7

省（市、自治区）	试点项目选取原则	关键词
北京	优先在中小规模建设项目中先行先试，重点在商业文化服务、教育、医疗、康养设施及低风险工业建筑等项目中试点。全过程工程咨询和工程总承包项目中以设计单位主导或担任技术统合和管理的项目可纳入试点	中小规模建设项目、商业文化服务、教育、医疗、康养设施及低风险工业建筑、设计主导
上海	逐步推进政府投资的建设工程委托项目管理单位实行全过程管理	政府投资
江苏	各级住房城乡建设主管部门要积极引导政府投资工程带头参加全过程工程咨询试点，鼓励非政府投资工程积极参与全过程工程咨询试点，重点选择有条件的房屋建筑和市政工程项目	政府投资、房屋建筑和市政工程项目
浙江	从省级审批的政府投资项目、"未来社区"项目、PPP项目、EPC项目以及其他特别重大项目中选取	政府投资、"未来社区"、PPP、EPC

023

省（市、自治区）	试点项目选取原则	关键词
福建	政府投资项目要率先垂范。鼓励非政府投资项目积极参与。住建主管部门要会同发改、财政等部门，组织并公布一批具有综合性强、技术复杂、投资规模较大的房屋建筑和市政工程项目作为全过程工程咨询试点项目	政府投资
湖南	优先确定部分重点工程、PPP项目、政府投资项目及工业园区等项目为全过程工程咨询试点项目	重点工程、PPP项目、政府投资项目、工业园区项目
广东	政府投资项目应带头开展全过程工程咨询试点，鼓励非政府投资工程积极参与全过程工程咨询试点	政府投资
四川	住建主管部门要在本地区直接选择一批具备条件的政府投资建设项目作为全过程工程咨询试点项目；积极引导其他政府投资工程项目的建设单位把全过程工程咨询作为优先方式，参加试点；大力鼓励非政府投资工程项目参加全过程工程咨询试点，并给予一定的政策倾斜。所选择的试点项目应该具有一定的影响力，具有较高的示范性	政府投资
广西	从可行性研究报告编制完成后开始采用工程总承包的政府投资项目应采用全过程工程咨询试点，采用工程总承包的政府投资项目积极开展全过程工程咨询试点，鼓励非政府投资项目积极参与全过程工程咨询试点	政府投资＋工程总承包
陕西	政府投资和国有资金投资的建设项目原则上实行全过程工程咨询服务，鼓励民间投资项目、军民融合项目积极采用全过程工程咨询服务。采用工程总承包的项目，率先推行全过程工程咨询服务	政府投资和国有资金投资、工程总承包
山东	政府投资和国有资金投资的项目原则上实行全过程工程咨询服务，鼓励民间投资项目积极采用全过程工程咨询服务。该指导意见适用于全省房屋建筑和市政工程项目	政府投资和国有资金投资
河南	积极引导建设单位把全过程工程咨询作为优先方式，将项目建议书、可行性研究报告编制、总体咨询策划、规划设计以及工程监理、招标代理、造价咨询等全部或部分业务一并委托给一个企业。政府投资项目要率先垂范，带头采用全过程工程咨询	政府投资
安徽	住建部门要会同有关部门在本地区选择若干有影响力、有示范作用的政府投资工程项目参加全过程工程咨询试点，鼓励非政府投资工程项目参与全过程工程咨询试点	政府投资
江西	政府投资和国有企业投资的项目要率先推行全过程工程咨询；EPC项目、PPP项目和装配式建筑项目要积极推行全过程工程咨询；鼓励民间投资项目积极采用全过程工程咨询	政府投资和国有企业投资、EPC项目、PPP项目和装配式建筑项目
湖北	政府投资工程应带头推行全过程咨询服务，鼓励非政府投资工程委托全过程咨询服务	政府投资

省（市、自治区）	试点项目选取原则	关键词
贵州	政府和国有投资项目带头优先推行全过程工程咨询，到 2020 年底以前采用全过程工程咨询服务的项目不低于 30%。鼓励民间投资项目的建设单位根据项目规模和特点，本着信誉可靠、综合能力和效率优先的原则，依法选择优秀团队实施工程建设全过程咨询	政府和国有投资
重庆	政府投资项目要充分发挥示范引领作用，优先采取投资决策综合性咨询服务方式，并选择一批有示范作用的项目推行工程建设全过程咨询	政府投资
河北	未明确	未明确
山西	未明确	未明确
宁夏	政府投资项目把全过程工程咨询作为优先采用的建设工程组织管理方式，带头参加全过程工程咨询试点，鼓励非政府投资工程积极参与全过程工程咨询试点。选择银川市、石嘴山市、固原市、中卫市（不含下辖县、市），推动综合性强、技术复杂、投资规模较大的房屋建筑和市政工程等区、市各级重点工程项目开展试点	政府投资、重点工程
内蒙古	鼓励支持采取代建、工程总承包、PPP 等方式建设的房屋建筑和市政工程建设项目把全过程工程咨询作为优先采用的建设工程组织管理方式。在民用建筑项目中，充分发挥建筑师的主导作用，鼓励提供全过程工程咨询服务。盟市住建部门要采取有效措施，落地一批具有影响力、有示范作用的试点工程项目	代建、工程总承包、PPP
吉林	政府投资项目要优先开展投资决策综合性咨询，鼓励开展全过程工程咨询服务。民间投资项目鼓励实施全过程工程咨询	政府投资
黑龙江	政府投资工程要率先采取全过程工程咨询，鼓励非政府投资工程积极参与全过程工程咨询试点	政府投资
辽宁	政府和国有资金投资的项目原则上实行工程总承包和全过程工程咨询服务	政府和国有投资
海南	政府投资和国有资金投资的建设项目，特别是工程总承包项目要率先推行全过程工程咨询。各地应遴选一批具有代表性及技术特点的公共建筑、安居房、市政道路等房屋建筑和市政基础设施项目作为试点，积极推行全过程工程咨询。鼓励社会投资项目根据项目规模和特点，依法选择优秀团队实施全过程工程咨询	政府投资和国有投资、工程总承包
西藏	各级发展改革、住房城乡建设部门要加强对全过程工程咨询服务的指导，选择一批有影响力、示范作用的政府投资及使用国有资金建设的项目	政府投资和国有投资
云南	探索在民用建筑项目中推行建筑师负责制，提供全过程工程咨询服务	民用建筑
甘肃	各市州要充分发挥政府投资项目和国有企业投资项目的示范引领作用，引导一批政府投资的重大项目决策和工程建设带头推行全过程工程咨询模式，鼓励非政府投资项目的建设单位根据项目规模和特点，积极委托工程建设全过程咨询服务	政府投资、国有企业投资

续表

省（市、自治区）	试点项目选取原则	关键词
青海	政府投资、全部使用国有资金投资、国有资金投资占控股或者主导地位的各类建设工程项目优先采用全过程工程咨询服务模式。鼓励民间投资项目的建设单位根据项目规模和特点，择优选择工程咨询企业实施工程建设全过程工程咨询服务	政府投资、国有资金投资
新疆	政府投资项目和国有资金投资的建设项目应率先推行全过程工程咨询服务，鼓励非政府投资项目委托全过程工程咨询服务。工程总承包项目和装配式建筑项目，要积极推行全过程工程咨询服务	政府投资、国有资金投资、工程总承包、装配式建筑
天津	未明确	未明确

根据表2-7整理的试点项目选取原则的关键词可知，除河北、山西和天津未明确，北京市推行建筑师负责制未明确指出优先在政府投资项目中试点外，其余各省（市、自治区）均在本省（市、自治区）的试点工作方案或意见中明确提出，在政府投资项目或者国有资金投资（或占主导）的项目中先行先试。以政策为先导，政府投资项目在全过程工程咨询试点工作中的带头作用明显。

2. 咨询服务内容和模式多样化

各地政策界定的全过程工程咨询的服务内容和范围差异较大，服务模式也呈现多样化。关于服务内容，各省市政策文件中列明的全过程工程咨询服务内容存在一定差异。在全过程工程咨询服务为管理服务还是包含技术服务上，上海市的文件指出是"全生命周期、集约化的项目管理服务""全过程或若干阶段的项目管理服务"；江苏省早期发布的文件中指出是"前期咨询、招标代理、造价咨询、工程监理及其他相关服务等全过程工程项目管理咨询服务"，2017年发布的工作方案中则扩展为"项目策划、工程设计、工程监理、招标代理、造价咨询和项目管理等工程技术及管理活动"；除山西和宁夏明确了是"工程技术及管理活动"，其他省（市、自治区）模糊表述为"服务"或"咨询服务"。

当前阶段，全过程工程咨询的咨询服务范围并非必须囊括全部工程咨询服务，即可以是其中几项咨询服务的集成，服务模式也呈现出差异性。比如，广东省的"1+N"模式，"1"是指全过程工程项目管理（必选项），"N"包括但不限于：投资咨询、勘察、设计、造价咨询、招标代理、监理、运营维护咨询等专业咨询（可选项）；江苏省规定，根据各建设项目业主方的需求进行菜单式选择，但不少于三项；其他地区的规定也多是"1+N""1+N+X"，或规定至少承接几项咨询服务。各地政策中关于全过程工程咨询服务阶段的内容包括：①全过程；②投资决策环节、工程建设全过程；③前期策划、项目设计、施工前准备、施工、竣工验收和保修六个阶段；④项目决策、工程建设、项目运营三个阶段；⑤项目建设全生命周期。无论是咨询服务阶段还是咨询服务内容，各地都呈现出明显的差异性，这是全过程工程咨询在探索性发展初期表现出的多元化实施路径。

目前，实践中的全过程工程咨询多以承接几项专业咨询为主，如全过程项目管理+监理+招标采购、全过程项目管理+造价咨询+招标采购等。目前仅有湖南省住房和城乡建设厅发布的《湖南省住房和城乡建设厅关于印发全过程工程咨询工作试行文本的通知》（湘建设〔2018〕17号）规定："业主在项目建设过程中将工程咨询业务整体委托给一家企业。"但其后发布的《湖南省房屋建筑和市政基础设施项目全过程工程咨询招标投标管理暂行办法》又规定，服务内容原则上包含工程勘察、工程设计、工程监理、造价咨询、项目管理五项咨询服务，对之前的"整体委托给一家企业"的规定有所放宽。

各地全过程工程咨询服务内容如表2-8所示，服务模式如表2-9所示。

各地全过程工程咨询服务阶段及内容 表2-8

省（市、自治区）	服务内容	服务阶段	关键词
北京	建筑师团队的服务范围为建筑工程全过程或部分阶段（至少包含工程设计、招标采购和合同管理三个阶段），鼓励试点项目委托建筑师团队完成规划设计、策划咨询、工程设计、招标采购、合同管理、运营维护六个阶段及其他附加服务的全部或部分服务内容	全过程或部分阶段（至少包含工程设计、招标采购和合同管理三个阶段）	设计、策划咨询、工程设计、招标采购、合同管理、运营维护六个阶段及其他附加服务的全部或部分服务内容
上海	鼓励工程咨询企业在工程建设的投资决策、前期咨询、勘察设计、项目管理、施工监理、项目后评估和运营服务等各阶段开展专业化、标准化、规范化的咨询管理服务。引导建设单位委托具有相应能力的工程咨询企业开展项目建设全生命周期、集约化的项目管理服务	投资决策、前期咨询、勘察设计、项目管理、施工监理、项目后评估和运营服务等各阶段	全生命周期、集约化的项目管理服务
上海	工程项目管理全过程包括项目前期策划、项目设计、施工前准备、施工、竣工验收和保修六个阶段。建设单位可根据项目需要，委托项目管理单位实施全过程或若干阶段的项目管理服务，具体要求在双方合同中约定	前期策划、项目设计、施工前准备、施工、竣工验收和保修六个阶段	全过程或若干阶段的项目管理服务

省（市、自治区）	服务内容	服务阶段	关键词
江苏	全面整合工程建设过程中所需的前期咨询、招标代理、造价咨询、工程监理及其他相关服务等咨询服务业务，引导建设单位将全过程的项目管理咨询服务委托给一家企业，为项目建设提供涵盖前期策划咨询、施工前准备、施工过程、竣工验收、运营保修等各阶段的全过程工程项目管理咨询服务	前期策划咨询、施工前准备、施工过程、竣工验收、运营保修等各阶段	前期咨询、招标代理、造价咨询、工程监理及其他相关服务等全过程工程项目管理咨询服务
	全过程工程咨询的服务内容包括项目策划、工程设计、工程监理、招标代理、造价咨询和项目管理等工程技术及管理活动。对以设计单位为主体实施全过程工程咨询或以设计单位为主体实施工程总承包的项目，要充分发挥建筑师在项目中的主导作用，作为项目负责人的建筑师要在项目策划、建筑设计、工程招标、工程建造、工程监理、采购招标、工程验收全过程，提供咨询、指导与监督等全过程服务	全过程	项目策划、工程设计、工程监理、招标代理、造价咨询和项目管理等工程技术及管理活动
浙江	以全过程工程咨询为主轴，将原碎片化的工程咨询服务深度融合	投资决策环节、工程建设环节	综合性、跨阶段、一体化的咨询服务
福建	包括但不限于：项目决策策划、项目建议书和可行性研究报告编制、项目实施总体策划、项目管理、报批报建管理、勘察及设计管理、规划及设计优化、工程监理、招标代理、造价咨询、后评价和配合审计等工程管理活动，也可包括规划、勘察和设计等工程设计活动	全过程	工程管理活动、工程设计活动
湖南	企业依法通过招标投标方式取得全过程工程咨询服务的，可在其资质许可范围内承担投资咨询、工程勘察、工程设计、工程监理、造价咨询及招标代理等业务	全过程	投资咨询、工程勘察、工程设计、工程监理、造价咨询及招标代理等业务
广东	将项目建议书、可行性研究报告编制、总体策划咨询、规划、勘察、设计、监理、招标代理、造价咨询、招标采购及验收移交等全部或部分业务委托给一个单位	全过程	项目建议书、可行性研究报告编制、总体策划咨询、规划、勘察、设计、监理、招标代理、造价咨询、招标采购及验收移交等全部或部分业务
四川	工程勘察设计单位应利用先导优势、工程监理单位应利用施工阶段管理优势，积极拓展覆盖可行性研究、项目策划、项目管理、后期运营等工程建设全生命周期的技术支持与服务	全过程	可行性研究、项目策划、项目管理、后期运营等工程建设全生命周期的技术支持与服务

续表

省(市、自治区)	服务内容	服务阶段	关键词
广西	将项目建议书、可行性研究报告编制、总体咨询策划、工程监理、招标代理、造价咨询等全部或部分业务一并委托给一个企业	全过程	项目建议书、可行性研究报告编制、总体咨询策划、工程监理、招标代理、造价咨询等全部或部分业务
陕西	鼓励多种形式全过程工程咨询服务模式，除投资决策综合性咨询和工程建设全过程咨询外，全过程工程咨询单位可根据市场需求，开展跨阶段咨询服务组合或同一阶段内不同类型咨询服务组合	全过程	跨阶段咨询服务组合或同一阶段内不同类型咨询服务组合
山东	在项目投资决策、工程建设、运营管理过程中，为建设单位提供涉及经济、技术、组织、管理等各有关方面的综合性、跨阶段、一体化的咨询服务	全过程	综合性、跨阶段、一体化的咨询服务
河南	将项目建议书、可行性研究报告编制、总体咨询策划、规划设计以及工程监理、招标代理、造价咨询等全部或部分业务一并委托给一个企业	全过程	项目建议书、可行性研究报告编制、总体咨询策划、规划设计以及工程监理、招标代理、造价咨询等全部或部分业务
安徽	提供建设项目可行性研究、总体策划、工程规划、工程勘察与设计、项目管理、工程监理、造价咨询及项目运行维护等全过程工程咨询服务。	全过程	可行性研究、总体策划、工程规划、工程勘察与设计、项目管理、工程监理、造价咨询及项目运行维护等全过程工程咨询服务
江西	将项目建议书、可行性研究报告编制、总体策划咨询、勘察、设计、监理、招标代理、造价咨询、项目管理、工程合同法务、PPP咨询、中期评估、绩效评价及验收移交等全部或部分业务打包委托	全过程	项目建议书、可行性研究报告编制、总体策划咨询、勘察、设计、监理、招标代理、造价咨询、项目管理、工程合同法务、PPP咨询、中期评估、绩效评价及验收移交等全部或部分业务
贵州	投资决策综合性咨询服务和工程建设全过程咨询服务，包括：项目建议书、可行性研究报告编制、总体策划咨询、规划、勘察、设计、监理、招标代理、造价咨询、招标采购及验收移交	投资决策环节、工程建设全过程	项目建议书、可行性研究报告编制、总体策划咨询、规划、勘察、设计、监理、招标代理、造价咨询、招标采购及验收移交
重庆	包括投资决策综合性咨询、工程建设全过程咨询的整合。项目法人亦可委托全过程工程咨询单位，在项目前期和实施阶段，帮助优化设计、规范建设、强化投资管控	投资决策环节、工程建设全过程	投资决策综合性咨询、工程建设全过程咨询

029

省（市、自治区）	服务内容	服务阶段	关键词
河北	鼓励工程监理企业在立足施工阶段监理的基础上，向"上下游"拓展服务领域，提供项目咨询、招标代理、造价咨询、项目管理、现场监督等多元化的"菜单式"咨询服务。适应发挥建筑师主导作用的改革要求，试点由建筑师委托工程监理实施驻场质量技术监督。鼓励工程监理企业积极探索PPP等新型融资方式下的咨询服务内容、模式。对工程项目关键环节、关键部位进行工程质量安全检查	施工阶段及其"上下游"	项目咨询、招标代理、造价咨询、项目管理、现场监督等多元化的"菜单式"咨询服务
山西	服务内容包括投资咨询、招标代理、工程勘察与设计、项目管理、工程监理、造价咨询及项目运行维护管理等工程技术及管理活动	全过程	投资咨询、招标代理、工程勘察与设计、项目管理、工程监理、造价咨询及项目运行维护管理等工程技术及管理活动
宁夏	全过程工程咨询的服务内容包括项目策划、可行性研究、环境影响评价、工程勘察、工程设计、工程监理、招标代理、造价咨询、施工单位的确定、验收移交、工程技术及项目管理等活动	全过程	项目策划、可行性研究、环境影响评价、工程勘察、工程设计、工程监理、招标代理、造价咨询、施工单位的确定、验收移交、工程技术及项目管理
内蒙古	全过程工程咨询服务内容包括前期咨询、设计、监理、招标代理、造价咨询、验收移交等	全过程	前期咨询、设计、监理、招标代理、造价咨询、验收移交等
吉林	项目决策阶段服务内容主要是投资决策综合性咨询，主要包括项目建议书、可行性研究报告、初步设计、项目申请报告编制等。工程建设阶段服务内容主要包括勘察、设计、监理、造价、招标代理、项目管理等。可以跨阶段全过程实施，也可以分投资决策和工程建设两个阶段进行。此外，还可根据市场需求，从投资决策、工程建设、运营等项目全生命周期角度，开展运营维护咨询、后评价以及BIM咨询等专业咨询	投资决策环节、工程建设全过程	跨阶段全过程实施，也可以分投资决策和工程建设两个阶段进行投资决策综合性咨询和工程建设阶段服务；还可从投资决策、工程建设、运营等项目全生命周期角度，开展运营维护咨询、后评价以及BIM咨询等专业咨询
黑龙江	项目全过程工程咨询宜划分为项目决策、工程建设、项目运营三个阶段。项目决策阶段：包括但不限于规划咨询、咨询策划、投资机会研究、投资申请咨询、专项评估报告等。工程建设阶段：包括但不限于报批报建、项目管理、工程勘察、工程设计、招标代理、工程监理、造价咨询及BIM咨询等。项目运营阶段：项目全过程咨询的最后一个	项目决策、工程建设、项目运营三个阶段	项目决策阶段：包括但不限于规划咨询、咨询策划、投资机会研究、投资申请咨询、专项评估报告等。工程建设阶段：包括但不限于报批报建、项目管理、工程勘察、工程设计、招标代理、工程监理、造价咨询及

省（市、自治区）	服务内容	服务阶段	关键词
黑龙江	阶段，也是检验项目是否实现决策目标的关键环节。包括但不限于运营管理策划、运营维护咨询、项目后评价与绩效评价等	项目决策、工程建设、项目运营三个阶段	BIM咨询等。项目运营阶段：项目全过程咨询的最后一个阶段，也是检验项目是否实现决策目标的关键环节。包括但不限于运营管理策划、运营维护咨询、项目后评价与绩效评价等
辽宁	未明确	未明确	未明确
海南	咨询单位可根据需求提供包括投资机会、项目建议书、可行性研究报告、专项评价评估等投资决策咨询，以及招标代理、勘察、设计、监理、造价、建筑信息模型（BIM）、绿色建筑、项目管理等工程建设咨询。工程咨询单位还可根据市场需求，开展运营维护、后评价等专业咨询	项目决策阶段、工程建设阶段	投资决策咨询、工程建设咨询、运营维护、后评价等专业咨询
西藏	全过程工程咨询服务可以从项目投资决策阶段或工程建设阶段开始实施，鼓励从项目投资决策阶段开始将两个阶段贯通实施。全过程工程咨询原则上以"基于技术服务能力的全过程项目管理+专业咨询"的方式开展，全过程工程咨询宜至少包含投资决策综合性咨询、招标代理、勘察、设计、监理、造价、项目管理等咨询服务中三项及以上工作内容	投资决策阶段、工程建设阶段	全过程项目管理+专业咨询
云南	引导有能力的企业通过联合经营、并购重组等方式，开展项目投资咨询、工程勘察设计、施工招标咨询、施工指导监督、工程竣工验收、项目运营管理等覆盖工程全生命周期的一体化项目管理咨询服务	全过程	全生命周期、一体化的项目管理咨询服务
甘肃	在房屋建筑和市政基础设施工程投资决策环节，鼓励投资者或建设单位委托工程咨询单位提供投资决策综合性咨询服务，统筹考虑影响项目可行性的各种因素，增强决策论证的科学性、协调性。在房屋建筑和市政基础设施工程建设中，鼓励建设单位委托咨询单位提供招标代理、勘察、设计、监理、造价、项目管理等工程建设全过程咨询服务，满足建设单位一体化服务需求，增强工程建设过程的协同性	项目决策和建设实施阶段	招标代理、勘察、设计、监理、造价、项目管理等咨询服务

续表

省（市、自治区）	服务内容	服务阶段	关键词
青海	建设单位应根据实际需求委托工程咨询企业提供包含投资咨询、招标代理、勘察、设计、监理、造价咨询、项目管理等咨询业务的全过程工程咨询服务，自主确定全过程工程咨询的组合方式	未明确	投资咨询、招标代理、勘察、设计、监理、造价咨询、项目管理等咨询服务
新疆	投资决策综合性咨询包括项目立项、可行性研究、初步设计、用地规划选址等咨询服务。工程建设全过程咨询包括工程勘察设计、工程招标采购、工程监理、工程造价及施工项目管理等咨询服务	投资决策阶段、工程建设阶段	投资决策综合性咨询、工程建设全过程咨询
天津	在房屋建筑和市政基础设施工程建设中，鼓励建设单位委托咨询单位提供项目管理、招标代理、勘察、设计、造价、监理等工程建设全过程工程咨询服务，满足建设单位一体化服务需求，增强工程建设过程的协同性	项目决策和建设实施阶段	项目管理、招标代理、勘察、设计、造价、监理等咨询服务

各地全过程工程咨询服务模式   表 2-9

省（市、自治区）	服务方式（以及是否允许联合体）	关键词
北京	团队的构成可采用建筑师所在设计单位设计总包加专业分包模式，或设计单位牵头多单位联合体模式。团队成员由建筑师自行选聘	
上海	未明确	未明确
江苏	将全过程的项目管理咨询服务委托给一家企业	一家企业
	鼓励试点企业通过并购重组、控股等方式拓展业务范围，向全过程工程咨询企业转型	未明确
浙江	鼓励支持工程咨询、招标代理、勘察、设计、监理、造价、项目管理等企业，采取联合经营、并购重组等方式转型发展全过程工程咨询服务；接受委托的咨询单位既可以是一家单位，也可以是两家单位以上组成的联合体	一家单位或者联合体
福建	接受委托的全过程工程咨询服务单位可以是一个单位，也可以是多家单位组成的联合体。鼓励引入住房和城乡建设部（建市〔2017〕101号）公布的全过程工程咨询试点单位，鼓励全过程工程咨询单位与国际咨询公司合作组成联合体	一个单位或者联合体
湖南	积极鼓励试点企业并购、重组，其相应资质按照名称变更办理；积极帮助试点企业合作、参股，延伸产业链；积极支持试点企业补齐资质、资格短板，扩展资质种类，扩大注册人才队伍，不得以企业名称为由限制资质申报	未明确
广东	各地住房城乡建设主管部门要引导本地规划、勘察、设计、监理、招标代理、造价咨询等单位积极向全过程工程咨询单位转型，鼓励相关单位通过联合经营、并购重组等方式发展全过程工程咨询服务	一个单位或联合体

续表

省（市、自治区）	服务方式（以及是否允许联合体）	关键词
四川	接受委托的咨询服务单位既可以是一家单位，也可以是由两家单位组成的联合体	一家单位或者联合体
广西	全部或部分业务一并委托给一个企业	一个企业
陕西	鼓励投资咨询、招标代理、勘察、设计、监理、造价、项目管理等企业联合经营、并购重组，培育一批高水平的全过程工程咨询单位	一家单位或联合体
山东	鼓励多种形式全过程工程咨询服务模式，除投资决策综合性咨询和工程建设全过程咨询外，全过程工程咨询单位（以下简称"咨询单位"）可根据市场需求，开展跨阶段咨询服务组合或同一阶段内不同类型咨询服务组合	鼓励多种形式全过程工程咨询服务模式 一家单位或联合体
河南	将项目建设书、可行性研究报告编制、总体咨询策划、规划设计以及工程监理、招标代理、造价咨询等全部或部分业务一并委托给一个企业	一家企业
安徽	各地可探索通过招标或政府购买服务的方式将一个项目或多个项目一并打包委托全过程工程咨询服务。建设单位根据项目情况，可以选择整体或局部的全过程工程咨询服务。 鼓励投资咨询、勘察、设计、监理、造价咨询等企业通过联合经营、并购重组等方式，培育一批高水平的全过程工程咨询企业	一家单位或联合体
江西	各地要积极引导投资咨询、勘察、设计、监理、招标代理、造价咨询、项目管理等企业，采取联合经营、并购重组等方式发展全过程工程咨询。鼓励咨询单位根据自身的条件和能力，为工程建设全过程中的投资决策环节和工程建设实施环节提供不同层面的组织、管理、经济和技术服务。除投资决策综合性咨询和工程建设全过程咨询外，咨询单位可根据市场需求，从投资决策、工程建设、运营等项目全生命周期角度，开展跨阶段咨询服务组合或同一阶段内不同类型咨询服务组合	一家单位或联合体
湖北	充分发挥湖北工程咨询行业能力强的优势，积极培育全过程工程咨询，鼓励投资咨询、勘察设计、监理、招标代理、造价咨询等企业采取联合经营、并购重组等方式发展全过程工程咨询	一家企业或联合体
贵州	发改、住建主管部门要引导规划、勘察、设计、监理、招标代理、造价咨询等单位积极向全过程工程咨询单位转型，鼓励有条件的工程咨询企业采取联合经营、并购重组等方式，根据企业自身的优势和特点积极延伸咨询服务业务，提供项目建设投资决策环节可行性研究、总体策划、工程规划等综合性咨询服务，引导全过程工程咨询服务单位建立和完善与全过程工程咨询服务相适应的规章制度，创新管理和技术手段，培养和引进高素质人才	一家企业或联合体
河北	鼓励技术能力强、综合服务水平高的工程监理企业向上下游拓展服务领域，或者采用联合经营、并购、重组等方式，开展跨行业、跨地区的全过程工程咨询服务。支持有条件的企业尝试在其他非工程建设领域开展咨询服务	工程监理及其联合体
山西	全过程工程咨询服务应当由一家具有综合能力的咨询单位实施，也可由多家具有投资咨询、招标代理、勘察、设计、监理、造价、项目管理等不同能力的咨询单位联合实施。鼓励全过程工程咨询企业名录内单位（以下简称"全过程工程咨询企业"）以自身主营业务为主体，采取联合经营、并购重组等方式，整合工程建设上下游产业链相关工程咨询服务业务，加快业务延伸和拓展，形成全产业链的工程咨询企业	一家单位或联合体

033

省（市、自治区）	服务方式（以及是否允许联合体）	关键词
宁夏	积极鼓励试点企业并购、重组，其相应资质按照名称变更办理；积极帮助试点企业合作、参股，延伸产业链；积极支持试点企业补齐资质、资格短板，扩展资质种类、扩大注册人才队伍	未明确
内蒙古	鼓励相关单位通过联合经营、并购重组等方式延长业务链	一家企业或联合体
吉林	一家具有综合能力的咨询单位；多家具有招标代理、勘察、设计、监理、造价、项目管理等不同能力的咨询单位联合实施；鼓励建设单位采用"以项目管理服务为基础，其他各专业咨询服务内容相组合的全过程工程咨询模式"。即采用"1+N"菜单式服务模式，"1"为项目管理，是必选项，服务内容可以涵盖工程建设全过程，也可以与"N"相对应。"N"为专业咨询服务，是可选项，包括投资决策咨询、招标代理、勘察、设计、监理、造价等。原则上 N≥2，且"N"至少应包含设计或监理	一家企业或联合体
黑龙江	可由1家全过程工程咨询单位实施，也可由1家全过程工程咨询单位牵头与其他咨询建设单位联合实施	一家企业或联合体
辽宁	未明确	未明确
海南	全过程工程咨询服务应当由一家具有综合能力的咨询单位实施，也可由多家具有投资决策、招标代理、勘察、设计、监理、造价、项目管理等不同能力的咨询单位联合实施	一家企业或者联合体
西藏	全过程工程咨询服务应优先由一家具有综合能力的咨询服务单位实施，也可由原则上不超过三家具有投资决策综合性咨询、招标代理、勘察、设计、监理、造价、项目管理等不同专业特长的咨询服务单位联合实施	一家企业或者联合体
云南	未明确	未明确
甘肃	工程建设全过程咨询服务应当由一家具有综合能力的咨询单位实施，也可由多家具有招标代理、勘察、设计、监理、造价、项目管理等不同能力的咨询单位联合实施	一家企业或者联合体
青海	工程建设全过程咨询服务应当由一家具有综合能力的咨询单位实施，也可由多家具有招标代理、勘察、设计、监理、造价咨询、项目管理等不同能力的咨询单位联合实施	一家企业或者联合体
新疆	全过程工程咨询单位可独立承担项目全过程全部专业咨询服务，也可根据投资者或建设单位的委托提供菜单式服务，即"1+N"模式，"1"是指全过程工程项目管理（必选项），"N"包括但不限于：投资决策综合性咨询、勘察、设计、招标采购、造价咨询、监理、运营维护咨询以及BIM咨询等专业咨询（可选项应不少于两项）	未明确
天津	鼓励建设单位采用"以项目管理服务为基础，其他各专业咨询服务内容相组合"的全过程工程咨询模式。即采用"1+N"菜单式服务模式，"1"为项目管理，是必选项。"N"为专业咨询服务，是可选项。原则上 N≥2	未明确

3.咨询服务费取费方法与标准差异大

全过程工程咨询服务费的取费方法和标准是影响全过程工程咨询市场发展的极其重要的因素。传统的工程勘察设计、招标代理、工程监理、项目管理、造价管理等专业化工程咨询服务，普遍有政府性的收费指导依据，如：工程勘察设计收费标准有《工程勘察设计收费管理规定》（计价格〔2002〕10号），招标代理收费标准有《招标代理服务收费管理暂行办法》（计价格〔2002〕1980号）及《国家发展改革委关于降低部分建设项目收费标准规范收费行为等有关问题的通知》（发改价格〔2011〕534号）等，监理收费标准有《建设工程监理与相关服务收费管理规定》《国家发展改革委关于降低部分建设项目收费标准规范收费行为等有关问题的通知》（发改价格〔2011〕534号）规定等，项目管理服务费收费标准依据财政部发布的《基本建设项目建设成本管理规定》（财建〔2016〕504号），工程造价咨询服务收费可依据《中国建设工程造价管理协会关于规范工程造价咨询服务收费的通知》（中价协〔2013〕35号）等。

全过程工程咨询作为一种新的咨询服务模式，尚无明确的政府指导性取费方法和标准，各地出台的全过程工程咨询有关政策文件中，工程咨询服务费的取费方法和标准差异性比较大，基本可概括为如表2-10所示的7种方式。

各地工程咨询服务费的取费方法　　　　　　　　　　　　　表2-10

序号	取费方式	计算公式	代表省（市、自治区）
1	按劳取酬+合理利润率	咨询服务费=咨询服务劳动报酬×（1+合理利润率）	浙江
2	单项酬金叠加	咨询服务费=∑单项酬金	江苏、福建、广东、广西、湖南、河南、北京、内蒙古、四川、贵州、天津、青海
3	单项酬金叠加+统筹管理费用	咨询服务费=∑单项酬金+统筹管理费用	浙江、山东、江西、重庆、陕西、宁夏、吉林、黑龙江、甘肃、西藏、新疆、海南
4	基本酬金+奖励	咨询服务费=∑基本酬金+奖励	安徽、福建*、广东*、贵州、宁夏*
5	人工成本+酬金	咨询服务费=∑人工成本+酬金	山东、安徽、江西、重庆、陕西、宁夏、吉林、天津*、甘肃*、西藏*、新疆*、海南*
6	人工费	咨询服务费=∑人工工日单价×工日	广西、河南、四川
7	费率或总价	咨询服务费=收费基数×费率	湖南、青海*

注：*表示该地区有多种取费方式。

如表2-10所示，目前各地已出台的全过程工程咨询服务费取费方法差异大，采用较多的有"单项酬金叠加""单项酬金叠加＋统筹管理费用"和"人工成本＋酬金"三种，基本都侧重原则性规定，除广东外，基本缺乏具体的计费标准。

目前，这些咨询服务费取费方式大多属于简单的业务收费叠加，不足以体现全过程工程咨询的服务特征和服务价值。全过程工程咨询模式的优势在于通过咨询服务的全过程、跨阶段、一体化，为项目提供工程建设、投资控制等综合性咨询服务，旨在通过全过程工程咨询提高咨询服务质量和投资效益，这必然需要更大、更优的人员投入，以及全新的管理架构、职责分配。如果全过程工程咨询服务费仅维持在传统的专业化咨询服务费叠加的水平上，显然无法满足全过程工程咨询服务的运行需求，加之传统的工程咨询服务费取费标准本身就比较低，将直接导致全过程工程咨询无法做到"优质优价"，甚至有"优质低价"之嫌，不仅不能保证咨询服务质量，甚至会影响全过程工程咨询的深入开展，无法体现其咨询服务价值。

全过程工程咨询服务费不仅取费方法差异大，而且标准普遍偏低，这或将成为制约全过程工程咨询发展的重要因素。尤其对于带头实施全过程工程咨询的政府投资项目，由于国有性质资金具有严格的管理制度和程序，项目执行过程中均需"有据可依"，全过程工程咨询服务费的取费方法和标准将对服务费的计取产生决定性的影响。比如，项目管理费一项的计费依据为财政部《基本建设项目建设成本管理规定》（财建〔2016〕504号），规定的项目管理费费率如表2-11所示。

项目建设管理费总额控制数费率表　　　　　　　　　　　　表2-11

工程总概算 （万元）	费率（%）	算例	
		工程总概算（万元）	项目建设管理费（万元）
1000以下	2	1000	1000×2%=20
1001～5000	1.5	5000	20+（5000−1000）×1.5%=80
5001～10000	1.2	10000	80+（10000−5000）×1.2%=140
10001～50000	1	50000	140+（50000−10000）×1%=540
50001～100000	0.8	100000	540+（100000−50000）×0.8%=940
100001以上	0.4	200000	940+（200000−100000）×0.4%=1340

广东省住房和城乡建设厅《建设项目全过程工程咨询服务指引（咨询企业版）》（以下简称《服务指引》）中关于全过程工程项目管理费的参考费率如表2-12

所示。深圳市在广东省《服务指引》的基础上，对全过程项目管理费在收费基价的基础上设置了收费调整系数，规定"全过程工程项目管理费=全过程工程项目管理收费基价×收费调整系数"，收费调整系数根据全过程工程咨询的服务内容和周期，结合项目规模和复杂程度（自然环境因素、社会因素、投资人要求等）综合考虑。

广东省全过程工程项目管理费参考费率　　　　　　　　　　　表2-12

工程总概算（万元）	费率（%）	算例	
			全过程工程项目管理费（万元）
10000以下	3	10000	10000×3%=300
10001～50000	2	50000	300+（50000-10000）×2%=1100
50001～100000	1.6	100000	1100+（100000-50000）×1.6%=1900
100001以上	1	200000	1900+（200000-100000）×1%=2900

注：算例中括号内第一个数为工程总概算分档的变动数，即某项目工程总概算为X，若$10001<X<50000$，则全过程工程项目管理费为$300+(X-10000)×2\%$，依次类推。

按照财政部《基本建设项目建设成本管理规定》（财建〔2016〕504号）和广东省住房和城乡建设厅《服务指引》的规定分别计算同等规模建设项目的管理费，对比结果如表2-13所示。

建设项目管理费对比　　　　　　　　　　　表2-13

工程总概算（万元）	财政部规定算例	广东省住建厅规定算例
	项目建设管理费总额控制数（万元）	全过程工程项目管理费（万元）
10000	80+（10000-5000）×1.2%=140	10000×3%=300
50000	140+（50000-10000）×1%=540	300+（50000-10000）×2%=1100
100000	540+（100000-50000）×0.8%=940	1100+（100000-50000）×1.6%=1900
200000	940+（200000-100000）×0.4%=1340	1900+（200000-100000）×1%=2900

从表2-13可以看出，按广东省住房和城乡建设厅的规定计算得到的项目管理费比按财政部规定计算得到的项目管理费的2倍还要高，而深圳市的全过程工程咨询项目，还会根据项目规模和复杂程度，在广东省规定的项目管理费基础上再乘以收费调整系数。取费标准差异如此之大，足以说明建筑市场对项目管理咨询服务的需求及价值认定。同时，根据对在建的深圳市全过程工程咨询项目的调研，该项目管理费标准也仅能满足全过程项目管理的基本要求，如想投入大量优

质的咨询人才为项目建设提供全过程服务，则该项目管理费标准依然显得不足。咨询服务取费标准差异大，容易导致优质资源纷纷聚集到取费标准高的地区，客观上造成市场资源配置的失衡。

咨询服务费科学、合理的界定，是全过程工程咨询能否深入开展并发挥效用的重要基础。在当前形势下，需要总结一定的全过程工程咨询实践经验，在此基础上，结合工程造价市场化改革的步伐和要求，对全过程工程咨询服务费的取费方法及标准加以改善，使其真正体现"优质优价"的全过程工程咨询发展理念，推动全过程工程咨询在建筑市场的健康发展。

4.政策具有明显的导向性

各地为了推进全过程工程咨询的实施及高质量发展，在工作方案、指导意见、标准、导则及招标投标、合同等示范文本中，体现出一定的与行业改革进程相匹配的高质量发展的内容，涉及装配式建筑、绿色建筑、工程总承包、PPP项目等，同时还涉及评奖、成立发展联盟等激励性政策，具有明显的导向性。

（1）鼓励装配式建筑项目采用全过程工程咨询模式

发展装配式建筑是建造方式的重大变革，有利于节约资源能源、减少施工污染、提升劳动生产效率和质量安全水平，有利于促进建筑业的信息化、工业化深度融合，有利于培育新产业、新动能，推动化解过剩产能，是推进供给侧结构性改革和新型城镇化发展的重要举措。住房和城乡建设部、教育部、科学技术部、工业和信息化部、自然资源部、生态环境部、中国人民银行、国家市场监督管理总局、中国银行保险监督管理委员会九部门联合印发的《住房和城乡建设部关于加快新型建筑工业化发展的若干意见》（建标规〔2020〕8号），将"创新组织管理模式，大力推行工程总承包模式，发展全过程工程咨询，建立使用者监督机制"作为工作重点之一。在此政策的指引下，部分省份在落实装配式建筑发展的举措中，推动其与全过程工程咨询融合发展。

《浙江省住房和城乡建设厅关于省十三届人大三次会议宁20号〈关于科学推进装配式建筑的建议〉建议的答复》提出，整合工程建设所需的投资咨询、招标代理、勘察、设计、监理、造价、项目管理等，大力推广全过程工程咨询，提升装配式建造水平；广西壮族自治区住房和城乡建设厅2021年4月发布的《关于加强对装配式建筑项目管理和指导的通知（征求意见稿）》，提出各地住房城乡建设主管部门应引导建设单位优先采用全过程工程咨询模式；陕西省住房和城乡建设厅、省发展改革委等17个部门于2021年2月联合发布的《陕西省住房和城乡建设厅关于推动智能建造与新型建筑工业化协同发展的实施意见》(陕建发〔2021〕1016号),明确提出"培育5～10家全过程咨询龙头企业"等新型市场培育目标,在创新项目组织管理方面,装配式建筑、政府投资和国有资金投资的建设项目积极推行全过程咨询服务,鼓励民用建筑项目试行建筑师主导的全过程工程咨询。该意见还就全过程工程咨询发展提出加大政策支持力度,鼓励建设单位根据咨询服务节约的投资额对咨询单位予以奖励。江西省提出装配式建筑项目要积极推行全过程工程咨询。

(2)鼓励工程总承包与全过程工程咨询融合发展

工程总承包和全过程工程咨询是建设组织模式变革的两种主要模式,二者相互补充、相得益彰。相较于传统的施工总承包项目,工程总承包项目多采用总价合同,对投资控制有更高的要求。全过程工程咨询在项目前期即为项目提供投资咨询服务,而且是站在项目建设全过程的角度对投资控制进行整体把握,在投资控制方面具有明显优势。因此,全过程工程咨询与工程总承包统合发展,有利于从整体上控制建设项目的投资。因此,部分地区发布的政策文件,多涉及工程总承包与全过程工程咨询的融合发展。

2019年10月,福建省住房和城乡建设厅发布《关于全过程工程咨询业务有关事项的意见》,指出"省厅将继续推动工程建设全过程工程咨询工作,结合工程总承包项目的实施,在政府投资项目和国有企业投资项目中推广应用,支持符合条件的,尤其具有综合能力的咨询单位参与"。2020年10月,福建省住房和城乡建设厅、发展改革委员会联合发布《关于装配式建筑招标投标活动有关事项的通知》(闽建筑〔2020〕9号),鼓励装配式建筑采用全过程工程咨询服务,形成"工程总承包+全过程工程咨询"组织方式。《关于印发〈福建省完善质量保障体系提升建筑工程品质若干措施〉的通知》(闽建建〔2020〕5号)提出,改革工程建设组织模式,推行工程总承包、全过程工程咨询,鼓励政府投资项目采取"全过程工程咨询+工程总承包"管理服务方式。

四川省住房和城乡建设厅将"加快完善工程建设组织实施方式改革,进一步完善配套政策,推动工程总承包和全过程工程咨询融合发展"作为2021年全省建筑管理要重点抓好的八项工作之一。

江苏省住房和城乡建设厅在《2020年全省建筑业工作要点》中提出"积极

039

培育全过程工程咨询服务市场，促进工程总承包、全过程工程咨询融合发展"；2020年7月，江苏省住房和城乡建设厅、省发展改革委联合发布的《关于推进房屋建筑和市政基础设施项目工程总承包发展的实施意见》指出，实行集中建设的政府投资项目应当积极推行工程总承包方式，装配式建筑原则上采用工程总承包方式，鼓励社会资本投资项目、政府和社会资本合作（PPP）项目采用工程总承包方式。建设单位在选择工程总承包方式的同时可以委托全过程工程咨询服务。

《浙江省住房和城乡建设厅关于政协十二届三次会议第166号提案〈关于建立EPC模式风险防控与投资管理体系的建议〉的答复》中，提出"构建适应我省的全过程工程咨询服务体系，大力培育全过程工程咨询企业，为建设单位全面提升投资决策水平、工程建设质量和项目运营效率提供高质量智力技术支持，为工程总承包顺利实施提供有力的服务保障体系"，虽未明确提出全过程工程咨询和工程总承包融合发展，但也肯定了全过程工程咨询发展会为工程总承包顺利实施提供支持。

四川、广西、陕西等地的政策文件中都提出装配式建筑项目采用工程总承包模式，工程总承包项目宜采用全过程工程咨询服务。

工程总承包和全过程工程咨询都是现阶段我国工程建设组织模式变革的重要内容。相较于传统建设项目，工程总承包项目需要更高效的组织管理模式，才能充分发挥其多专业交叉协调、缩短工期、保障质量、节约成本等多重优势。若工程总承包项目采用全过程工程咨询服务，咨询服务企业接受业主委托，可以对工程总承包商进行监督、管理并提供咨询服务，减少信息冗余，提高沟通效率，有利于集成管理，协助业主对设计、质量及工期进行更有效的管理。因此，工程总承包和全过程工程咨询两种模式相互补充、相得益彰，其融合发展有利于提高建设项目管理水平和投资效益。

（3）鼓励绿色建筑项目采用全过程工程咨询模式

江苏省住房和城乡建设厅发布的《省住房城乡建设厅关于组织申报2020年度江苏省节能减排（建筑节能）专项资金奖补项目的通知》（苏建科〔2019〕400号）中，在绿色城区项目申报条件中，强调"强化政策机制创新，建立全过程工程咨询、建筑师负责制管理机制。鼓励与以建筑专业院士、住房城乡建设部或省级人民政府命名的设计大师为主创设计师的设计单位进行合作"；明确对于高品质绿色建筑实践项目，"优先支持开展全过程工程咨询、建筑师负责制等工作的项目"。

（4）全过程工程咨询的激励性政策

激励性政策对市场具有良好的导向作用。《国务院办公厅关于促进建筑业持续健康发展的意见》(国办发〔2017〕19号)明确提出，政府投资工程应带头推行全过程工程咨询，鼓励非政府投资工程委托全过程工程咨询服务。

2021年6月，湖南省住房和城乡建设厅发布通知，决定组织湖南省全过程工程咨询项目建设单位、服务企业、科研院校和行业协会共同成立湖南省全过程工程咨询发展战略联盟。该通知明确了全过程工程咨询发展战略联盟的主要任务，包括：开展全过程工程咨询企业发展战略研究，参与编制全过程工程咨询相关标准，开展市场调研及意见征集，开展业内学术交流、宣贯培训，组织全过程工程咨询项目调研与交流合作，树立行业标杆、引领行业发展，编制湖南省全过程工程咨询发展报告等。

江苏省住房和城乡建设厅2021年9月发布的《省住房城乡建设厅关于组织开展2021年度江苏省优质工程奖扬子杯申报工作的通知》(苏建质安〔2021〕142号)提出："为助推我省建筑业改革，设装配式建筑工程、工程总承包和全过程工程咨询三个专项，其中，装配式建筑工程专项针对房屋建筑工程，工程总承包和全过程工程咨询专项针对房屋建筑和市政工程。"此举有利于激励建筑市场全过程工程咨询服务的开展。

2.3　全过程工程咨询的市场基础

2.3.1　工程咨询企业基本情况

工程咨询企业是全过程工程咨询的服务主体，是构成全过程工程咨询市场并开展工程咨询服务的重要基础。按照国家层面及地方层面对全过程工程咨询内涵和服务范畴的界定，全过程工程咨询的服务主体包括：投资咨询企业、勘察设计企业、造价咨询企业、监理企业、招标代理机构、项目管理公司等。其中，工程监理企业和项目管理企业的关联比较密切。由于投资咨询公司和项目管理公司数量相对较少，统计数据不全，所以本书不再单独讨论投资咨询企业和项目管理企业的市场规模及从业队伍情况。

2020年，全国按地区统计的各类工程咨询服务主体的企业数量和从业人员数量情况如表2-14和表2-15所示。总体来看，全国工程咨询企业（不含投资咨询企业和项目管理企业）约5.3万家，从业人数达720万人。其中，勘察设计企业数量最多，约2.37万家，从业人数为440万人；工程造价咨询企业约1.03万家，从业人数为79万人；工程监理企业有0.99万家，从业人数为140万人；招标代理机构有0.91万家，从业人数为62万人。工程咨询企业数量多，从业人员规模大，是全过程工程咨询市场建立和发展最重要的基础。

2020年全国按地区统计的工程咨询企业数量　　　　表2-14

企业类型	东部（家）	中部（家）	西部（家）	合计（家）
勘察设计	12234	6068	5439	23741
工程监理	4888	2427	2585	9900
工程造价	4882	2976	2408	10266
招标代理	3906	2234	2966	9106

数据来源：住房和城乡建设部统计公报及国家统计局。

2020年全国工程咨询企业从业人员情况　　　　表2-15

企业类型	从业人员（万人）	高级职称（万人）	注册资格（万人）	收入占比最高业务板块名称
勘察设计	440	46.2	不详	工程总承包
工程监理	140	16.4	40	工程勘察设计、工程招标代理、工程造价咨询、工程项目管理与咨询服务、工程施工及其他业务
工程造价	79	11.9	11.2	工程造价咨询
招标代理	62	6.9	18.3	其他收入，其次为工程监理业务收入

数据来源：住房和城乡建设部统计公报。

下面，将具体分析勘察设计、工程监理、工程造价和招标代理企业的情况，并结合全过程工程咨询发展状况，分析工程咨询企业向全过程工程咨询转型发展的策略。

1.勘察设计企业基本情况

（1）勘察设计企业数量及营业收入

根据国家统计局网站数据，2017～2020年全国工程勘察设计企业数量和营业收入如表2-16和图2-8所示。由统计数据可以看出，截至2020年我国共有勘察设计企业约2.37万家，营业收入达72496.7亿元，在工程咨询类企业中是规模最大、营业收入最高的，平均企业规模约185人。2018年，勘察设计企业数量较上年缩减接近1600家，之后三年基本维持平衡，而营业收入并未受企业数量缩减影响，逐年走高，说明近几年勘察设计企业在机构布局方面有所调整，整体上呈高质量发展。

无论从工程设计的专业地位与作用而言，还是从企业数量和规模方面来看，勘察设计企业在全过程工程咨询市场的发展进程中，都将起到至关重要的作用。

2017～2020年勘察设计企业数量及营业收入　　　　表2-16

项目	2017年	2018年	2019年	2020年
勘察设计企业数量（个）	24754	23183	23739	23741
勘察设计企业营业收入（万元）	433913301	519152163	642008587	724966801
勘察设计企业从业人员数量（人）	4285600	4472817	4631001	4399733
勘察设计企业高级职称人数（人）	384330	400485	427776	462065
勘察设计企业中级职称人数（人）	650793	676946	720412	767455
勘察设计企业初级职称人数（人）	552006	559094	576672	600011
勘察设计企业中、高级职称人数占总人数比例（%）	24	24	25	28

数据来源：国家统计局网站。

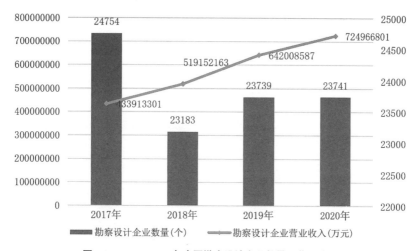

图2-8　2017～2020年全国勘察设计企业数量及营业收入

（2）勘察设计企业从业人员情况

根据国家统计局发布的数据，2017～2020年全国工程勘察设计企业从业人数及各类职称人员数量情况如图2-9所示。截至2020年，全国工程勘察设计企业从业人数近440万人，其中，中、高级职称人员约123万人，占从业人员总数的28%。2017年以来，中、高级职称从业人员占比缓步提高，但总体占比不高。全过程工程咨询是智力型咨询服务，需要咨询人员具有较高的专业水平和丰富的执业经验，才能为项目提供高质量的咨询服务，来提高工程建设质量和投资效益。目前来看，勘察设计企业的高职称水平的从业人员数量不多、占比不高。同时考虑勘察设计阶段是工程建设图纸形成的主要阶段，对整个工程项目的建设起到决定性作用，是全过程工程咨询的重点阶段，应加强该阶段从业人员的整体专业水平，为全过程工程咨询的智力型服务夯实人力基础。

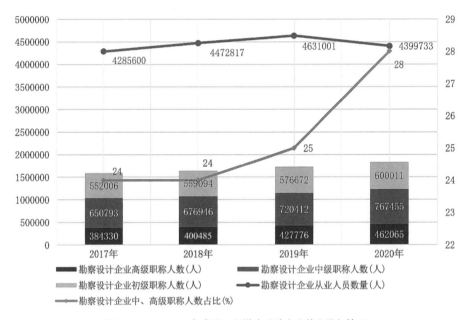

图2-9　2017～2020年全国工程勘察设计企业从业队伍情况

2.工程监理企业基本情况

（1）工程监理企业数量及营业收入

根据国家统计局网站数据，2017～2020年全国工程监理企业数量和营业收入如表2-17和图2-10所示。由统计数据可以看出，截至2020年我国共有工程监理企业近1万家，营业收入7178.16亿元，平均企业规模约141人。工程监理企业数量明显少于勘察设计企业，平均企业规模与勘察设计企业相差不大。同时可以看到，工程监理企业的营业收入从2017年的3282亿元增长到2020年的7178亿元，达到2017年的2.19倍，翻了一番还要多，反映出工程监理企业正在追逐全过程工程咨询的"政策红利"，积极拓展全过程工程咨询市场并初显成效。

2017～2020年工程监理企业基本情况　　　　表2-17

项目	2017年	2018年	2019年	2020年
工程监理企业数量（个）	7945	8393	8469	9900
工程监理营业收入（万元）	32817218	43144242	59944751	71781592
工程监理企业从业人数（人）	1071780	1169275	1295721	1393595
工程监理企业高、中级职称人数（人）	536227	547718	567725	592337
工程监理企业注册执业人数（人）	286146	310670	336959	400872
工程监理企业注册监理工程师（人）	163944	178173	173317	201204
中、高级职称人数占总人数比例（%）	50.03	46.84	43.82	42.50
注册监理工程师占注册执业人数比例（%）	57.29	57.35	51.44	50.19

图2-10　2017～2020年工程监理企业数量和营业收入

（2）工程监理企业从业人员情况

　　根据国家统计局发布的数据，2017～2020年全国工程监理企业从业人数及各类职称人员数量情况如图2-11和图2-12所示。截至2020年，全国工程监理企业从业人数达到139万人，其中，中、高级职称人员约59万人，占从业人员总数的42.5%。2017～2020年，工程监理企业从业人数有较快增长，累计增长约30%，同时中、高级职称从业人员占比从50.03%下降到42.50%，但整体上还是高于勘察设计企业不足30%的占比水平，这与我国的工程监理注册执业制度，以及工程监理需到岗施工现场、建筑工人实名制管理、智慧工地管理等管理方式和手段有密切关系。可以看到，2017年以来，受全过程工程咨询相关政策的影响，监理企业从业人员数量在迅速扩张，这与建筑市场上以工程监理为服务主体的全过程项目管理服务需求的极速膨胀或有直接关联，但这种快速扩张也从另一个侧面反映出当前工程监理企业的技术壁垒或许较低。

由图2-12可以看出，工程监理企业中注册执业人员数量占比超过50%，注册人员中注册监理工程师人员占比在50%～57%，且2019、2020两年注册监理工程师占注册执业人员比例陡然、持续性地下降，反映出工程监理企业的专业人员结构正在朝着多元化方向发展，这也是工程监理企业承接全过程工程咨询业务最重要的人才基础。这表明，工程监理企业对全过程工程咨询改革浪潮的态度是积极的，正在伴着全过程工程咨询的发展进行全方位的转型发展。

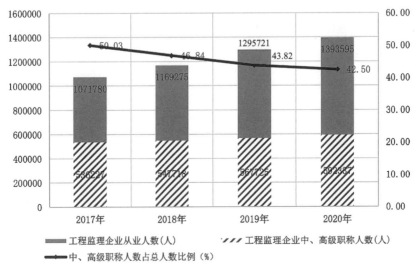

图2-11 2017～2020年工程监理企业人员情况（1）

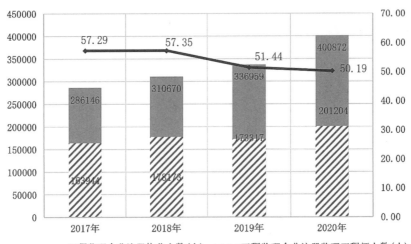

图2-12 2017～2020年工程监理企业人员情况（2）

3.工程造价咨询企业基本情况

（1）工程造价咨询企业数量及营业收入

根据住房和城乡建设部统计公报数据，2017～2021年全国工程造价咨询企业基本情况如表2-18和图2-13所示。由统计数据可以看出，截至2021年我国共有工程造价咨询企业近1.14万家，营业收入3056.68亿元，平均企业规模约76人。工程造价咨询企业数量明显少于勘察设计企业，与工程监理企业基本相当，平均企业规模基本为勘察设计企业、工程监理企业的一半。

2017～2021年工程造价咨询企业基本情况　　　　表2-18

项目	2017年	2018年	2019年	2020年	2021年
工程造价咨询企业数量（个）	7800	8139	8194	10489	11398
工程造价咨询企业从业人员（人）	507521	537015	586617	790604	868367
工程造价咨询企业专业技术人员（人）	339692	346752	355768	473799	504620
高级职称人员（人）	77506	80041	82123	119253	131152
中级职称人员（人）	173401	178398	181137	235366	246391
中、高级职称人员占从业人员比例（%）	49.44	48.13	44.88	44.85	43.48
注册造价工程师（人）	87963	91128	94417	111808	129734
注册造价工程师占从业人员比例（%）	17.33	17	16.1	14.1	14.9
一级注册造价工程师（人）	—	—	89767	101320	108305
二级注册造价工程师（人）	—	—	4650	10488	21429
其他专业注册执业人员（人）	—	—	77543	110607	131727
其他专业注册执业人员占从业人员比例（%）	—	—	13.2	14	15.2
工程造价咨询企业营业收入（亿元）	1469.14	1721.45	1836.66	2570.64	3056.68

图2-13　2017～2021年工程造价咨询企业数量和营业收入

2017年以来，工程造价咨询企业的数量、从业人员数量和营业额都有大幅增长，尤其是2019年以后营业额增长速度明显加快，说明工程造价咨询市场整体发展繁荣，走势与全过程工程咨询的发展基本吻合。

（2）工程造价咨询企业从业人员情况

根据住房和城乡建设部统计公报数据，2017～2021年全国工程造价咨询企业从业人数及各类职称人员数量情况如图2-14所示。截至2021年，全国工程造价咨询企业从业人数达到86.8万人，其中，专业技术人员50.4万人，中、高级职称人员约37.7万人，占从业人员总数的43.48%，占专业技术人员的74.8%；全国注册造价工程师人数达到12.9万人，占从业人数的14.9%，其中一级注册造价工程师10.8万人，占注册造价工程师总数的83.48%。值得注意的是，工程造价咨询企业的注册执业人员中，其他专业注册执业人员有13.1万人，超过了注册造价工程师的数量，反映出工程造价咨询企业的人才结构和专业结构呈现出多元化趋势。并且，自2019年统计该信息以来的三年间，其他专业注册执业人员

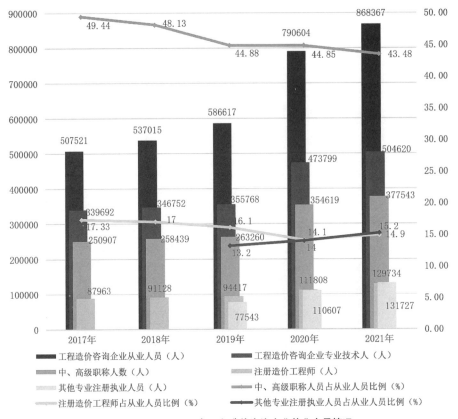

图2-14　2017～2021年工程造价咨询企业从业人员情况

从7.8万人陡然上升至13.2万人，增长了69.88%，占从业人员的比例也从13.2%增长到15.2%，该期间刚好和全过程工程咨询的大力发展相吻合，反映出工程造价咨询企业积极响应全过程工程咨询政策，迎合工程咨询市场变化和需求，在专业人员配置方面朝着多元化的方向发展，为提高全过程工程咨询服务能力、转型发展全过程工程咨询业务做着积极准备。

4. 招标代理企业基本情况

（1）招标代理企业数量及营业收入

根据国家统计局网站数据，2017～2020年全国工程招标代理企业数量和营业收入如表2-19和图2-15所示。由统计数据可以看出，截至2020年我国共有工程招标代理企业9106家，营业收入4275.33亿元，平均企业规模为68人。工程招标代理企业数量与工程监理企业、工程造价企业基本相当，平均企业规模比勘察设计企业、工程监理企业都要小。2018年，工程招标代理企业营业额猛然增长到4520亿元，并在其后维持在4000亿元以上规模。2017～2020年，工程招标

2017～2020年工程招标代理企业基本情况　　表2-19

项目	2017年	2018年	2019年	2020年
工程招标代理企业数量（个）	6209	7717	8832	9106
工程招标代理企业营业收入（万元）	22770880	45203789	41104390	42753348
工程招标代理企业人员数量（人）	604173	617584	627733	620041
工程招标代理企业注册执业人数（人）	134303	140223	177963	183241
工程招标代理企业注册执业人数占总人数比例（%）	22.23	22.71	28.35	29.55

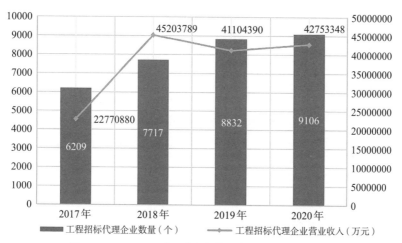

图2-15　2017～2020年工程招标代理企业数量和营业收入

代理企业数量在稳步增长，但营业收入基本持平。

（2）招标代理企业从业人员情况

根据国家统计局发布的数据，2017～2020年工程招标代理企业从业人数及注册执业人员情况如图2-16所示。截至2020年，全国工程招标代理企业从业人员约62万人，其中注册执业人员18.32万人，占从业人员总数近30%。2017～2020年，工程招标代理企业从业人数维持在相当稳定的水平，注册执业人员数量和占比均稳步提高。

图2-16　2017～2020年工程招标代理企业从业人员情况

由此可见，工程招标代理企业规模、营业收入缓步增长，从业人员整体规模相当平稳，注册执业人员数量和占比稳步提升。工程招标代理企业受全过程工程咨询政策影响似乎不明显，近几年工程招标代理企业发展相对处于十分平稳的状态。

2.3.2 工程咨询企业业务结构

根据住房和城乡建设部发布的工程咨询企业相关统计公报，可以分析各类工程咨询企业的营业收入构成及全过程工程咨询收入占比情况及趋势，反映全过程工程咨询市场规模及走势，以及不同类型的工程咨询企业转型发展全过程工程咨询的初步成效。

1.勘察设计企业业务结构

近年来，在供给侧结构性改革的背景下，建筑业正在大力推广以工程总承包和全过程工程咨询为代表的工程建设组织模式变革。勘察设计企业恰好同时处于两种组织模式中，组织模式变革对勘察设计企业的业务结构形成了强力冲击，勘察设计企业正处于响应变革要求、适应市场发展的转型发展关键时期。根据住房和城乡建设部发布的《全国工程勘察设计统计公报》，对2017～2020年全国工程勘察设计企业的收入结构进行统计分析，可以反映出勘察设计企业近几年业务结构的整体情况，统计结果如表2-20所示。

2017～2020年工程勘察设计企业业务收入及占比　　　　表2-20

项目	2017年	2018年	2019年	2020年
工程勘察设计企业营业收入（亿元）	43391.3	51915.2	64200.9	72496.7
工程勘察业务收入（亿元）	837.3	914.8	986.9	1026.1
工程勘察收入占营业收入比例（%）	1.93	1.76	1.54	1.42
工程设计业务收入（亿元）	4013	4609.2	5094.9	5482.7
工程设计业务收入占营业收入比例（%）	9.25	8.88	7.94	7.56
工程总承包业务收入（亿元）	20807	26046.1	33638.6	33056.6
工程总承包业务收入占营业收入比例（%）	47.95	50.17	52.4	45.6
其他工程咨询业务收入（亿元）	552.2	657.3	796	805
其他工程咨询业务收入占营业收入比例（%）	1.27	1.27	1.24	1.11

2020年，全国工程勘察设计企业营业收入72497亿元，主要业务有工程勘察、工程设计、工程总承包和其他工程咨询业务，根据总额推算，还有部分收入未列出收入来源，各项业务占比情况如图2-17所示。

2017～2020年，工程勘察设计企业的工程勘察业务和工程设计业务收入均有小幅增长，工程勘察业务收入从837.3亿元增长到1026.1亿元，增长188.8亿元，年均增速为7.5%，工程设计业务收入从4013亿元增长到5482.7亿元，增长1469.7亿元，年均增速为7.1%，两项业务收入占营业收入的比例分别维持在1%～2%和7%～9.5%，且业务占比均有逐年下降的趋势，到2020年，工程勘察业务占比仅有1.42%，工程设计业务占比已滑落至7.56%。这说明，传统的勘察和设计单项业务占比正在逐年萎缩，且两项业务合计占比已低于10%。勘察设计企业的业务结构在建筑市场变革的背景下，发生了重大变化。

从表2-20、图2-17可以看出，2017～2020年工程勘察设计企业的营业收入中，工程总承包业务收入规模在2万亿至3.5万亿间，占营业收入的比例约在

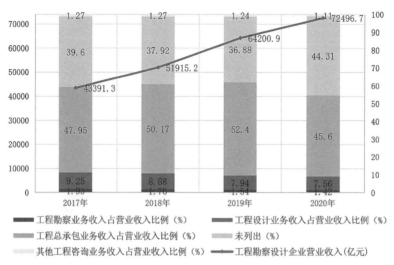

图2-17 2017～2020年全国工程勘察设计企业业务结构

45%～55%，2019年最高，达到52.4%。工程总承包业务收入基本占据勘察设计企业业务收入的一半。这一方面反映出勘察设计企业正在积极转型承接工程总承包业务，另一方面也体现出工程总承包体量大、收入高的业务特点。对于勘察设计企业而言，既要关注业务收入，更要关注利润，同时还要防范风险。工程总承包的高业务收入背后，其实是较低的利润率及较高的工程建设风险。勘察设计企业牵头的工程总承包业务，在投资控制、施工质量管理、工期管理、安全管理等方面，存在外部市场环境和内部技术能力、管理能力、经济能力等"短板"，存在较高的工程建设风险。可以看到，2017～2019年勘察设计企业的工程总承包业务收入从20807亿元增长到33638.6亿元，年均增速30.8%，工程总承包业务占比由47.95%增长到52.4%，收入和占比均实现快速增长，而2020年工程总承包业务收入不升反降582亿元，占比也陡然下降到45.6%，为2017年以来的最低值。这或许是勘察设计企业工程总承包业务特点在建筑市场上的一个体现，后续发展也十分值得关注。

住房和城乡建设部统计公报数据显示，勘察设计企业的营业收入中大致有1%的其他工程咨询业务收入，而全过程工程咨询业务收入没有单独的统计数据。除去上述工程勘察、工程设计、工程总承包和其他工程咨询业务收入，尚有大致40%～45%的营业收入未列出业务来源。

2.工程监理企业业务结构

2017～2020年工程监理企业业务收入及占比如表2-21和图2-18所示。全国工程监理企业的业务收入从2017年的3282亿元增长到2020年的7178亿元，实现翻倍，年均增速接近40%。从业务结构上来看，工程监理业务收入占到收入结构的20%~40%，2017年以来工程监理业务收入占比从36%猛降到22%，下降了14个百分点，降幅较大。同时，工程勘察设计、工程招标代理、工程造价咨询、工程项目管理与咨询服务、工程施工及其他业务收入从2096亿元增长到5587亿元，达到2017年的2.6倍，可以看出其发展幅度之大、速度之快。根据住房和城乡建设部的统计公报，2020年，全国有40个企业工程监理收入突破3亿元，85个企业工程监理收入超过2亿元，270个企业工程监理收入超过1亿元。工程监理收入过亿元的企业个数与上年相比增长了7.57%。

2017~2020年工程监理企业业务收入及占比　　　　表2-21

项目	2017年	2018年	2019年	2020年
工程监理企业营业收入（亿元）	3281.72	4314.42	5994.48	7178.16
工程监理收入（亿元）	1185.35	1323.81	1486.13	1590.76
工程监理收入占总营业收入比例（%）	36.12	30.68	24.79	22.16
工程勘察设计、工程招标代理、工程造价咨询、工程项目管理与咨询服务、工程施工及其他业务收入（亿元）	2096.37	2990.61	4508.35	5587.4
工程勘察设计、工程招标代理、工程造价咨询、工程项目管理与咨询服务、工程施工及其他业务收入占总营业收入比例（%）	63.88	69.32	75.21	77.84

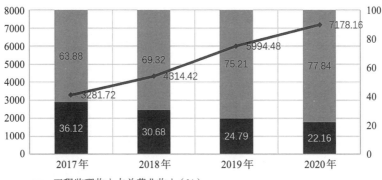

图2-18　2017~2020年全国工程监理企业业务结构

可以说，2017年以来工程监理企业在业务收入方面获得了长足的发展。传统的工程监理业务收入小幅上涨，收入占比大幅下降，其他业务营业收入及占比均大幅增长，反映出工程监理企业的业务结构在发生重要变化。在全过程工程咨询政策的影响下，大量工程监理企业大力发展全过程项目管理业务，并在近几年形成一定的市场规模，尤其是广东、浙江等地的1+N全过程工程咨询模式，对项目管理业务的发展起到了关键性作用。

3. 工程造价咨询企业业务结构

2017～2021年，工程造价咨询企业的工程咨询、建设工程监理、项目管理、招标代理、工程造价咨询、全过程工程造价咨询等业务的收入组成如图2-19所示。2021年，工程造价咨询企业的营业收入达3056.68亿元，比上年净增486.04亿元，增速达18.9%，2020年比2019年营业收入净增733.98亿元，增速近40%。2020～2021两年间，工程造价咨询企业营业收入的增长突飞猛进。2021年的营业收入中，工程造价咨询收入占37.4%，是工程造价咨询企业最主要的业务板块，其中，全过程工程造价咨询业务收入占总收入的32.5%，是传统造价咨询业务的6倍还多。可以看到，2017～2021年，全过程工程造价咨询业务占比

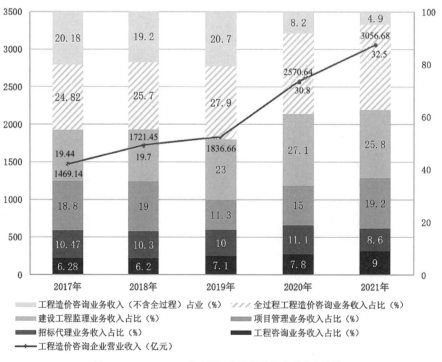

图2-19　2017～2021年全国工程造价咨询企业业务结构

由24.82%增长到32.5%，增长近8个百分点，而传统工程造价咨询业务占比由20.18%迅速降至4.9%，反映出工程造价咨询业务结构在全过程工程咨询政策的影响下，发生较明显的转变。

除工程造价咨询业务外，工程造价咨询企业的工程监理和项目管理业务占比均较高，基本在15%～30%的水平，且2019年后这两项业务的占比较前两年有明显增加，说明受全过程工程咨询政策的影响，工程造价咨询企业正在加强工程监理和项目管理业务能力，在业务收入上有明显的体现，这与全过程项目管理在全过程工程咨询中的优势地位或存在较强关联。

工程造价咨询企业的招标代理业务和工程咨询业务占比基本持稳，表明这两项业务受全过程工程咨询政策的影响较小。

总体来看，工程造价咨询企业的业务结构受全过程工程咨询政策的影响较明显，全过程工程造价咨询和工程监理、项目管理业务占比明显增加，业务收入大幅攀升，这或许是近两年在全过程工程咨询政策影响下工程造价咨询企业营业收入获得大幅增长的主要原因。

4. 招标代理企业业务结构

2017～2020年，全国招标代理企业的工程招标代理、工程监理、项目管理与咨询、工程造价咨询等业务的业务收入如表2-22和图2-20所示。自2018年开始，招标代理企业营业收入达到4000亿元以上水平，比2017年基本翻了一倍，

2017～2020年工程招标代理企业业务收入及占比　　表2-22

项目	2017年	2018年	2019年	2020年
工程招标代理企业营业收入（亿元）	2277.09	4520.38	4110.44	4275.33
工程招标代理收入（亿元）	280.82	950.35	293.16	264.99
工程招标代理收入占营业收入比例（%）	12.33	21.02	7.13	6.2
工程监理收入（亿元）	458.26	495.43	552.12	736.69
工程监理收入占营业收入比例（%）	20.12	10.96	13.43	17.23
工程造价咨询收入（亿元）	362.16	591.78	744.74	533.32
工程造价咨询收入占营业收入比例（%）	15.90	13.09	18.12	12.47
工程项目管理与咨询服务收入（亿元）	149.73	791.95	212.36	356.10
工程项目管理与咨询服务收入占营业收入比例（%）	6.58	17.52	5.17	8.33
其他收入（亿元）	1026.12	1690.86	2308.06	2384.22
其他收入占营业收入比例（%）	45.06	37.41	56.15	55.77

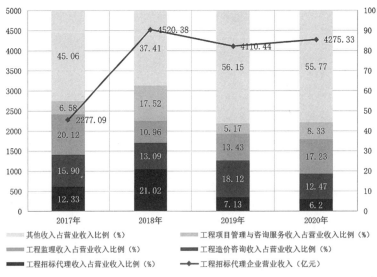

图2-20　2017～2020年全国招标代理机构业务结构

而且2018～2020年始终维持在这个水平，基本比较稳定。从业务结构上看，工程招标代理收入由280亿元下降到264亿元，整体收入规模基本稳定，但占总营业收入的比例从12.3%下降到6.2%，基本折半，而工程监理、工程造价咨询、工程项目管理与咨询服务，以及其他收入在收入水平上均有大幅增长，各项业务收入占比整体上维持比较稳定的水平，有一定幅度的上下波动。这反映出工程招标代理企业的业务结构正在发生重要转变，表现出明显的业务多元化趋势。

2.3.3 工程咨询企业转型发展策略

工程咨询类企业是全过程工程咨询的实施主体，在组织模式变革的背景下，勘察设计、投资决策、招标代理、造价咨询、项目管理、工程监理等咨询类企业均面临着转型发展的现实问题，均需在新的组织架构下寻求新的组织定位，同时需顺应变革加强自身能力建设。

1.勘察设计企业转型发展策略

勘察设计企业是工程咨询类企业中规模相对最大的企业，在住房和城乡建设部的40家试点企业中，勘察设计企业有23家，足见其在工程咨询中的地位，其转型发展备受关注。我国开展的全过程工程咨询变革，在一定程度上是受到国际上工程顾问服务的影响。国际工程顾问公司的一个显著特征，是拥有国际著名的规划和建筑设计团队，提供以设计为主体的工程顾问服务。纵观我国现有的全过程工程咨询政策，目前仅有江苏省住房和城乡建设厅发布的《江苏省全过程工程咨询服务导则（试行）》（苏建科〔2018〕940号），明确将工程设计纳入全过程工程咨询的服务内容，但列在全过程专业咨询服务中，属于"可选项"而非"必选项"。可见，我国当前的全过程工程咨询的政策环境和市场环境与国际工程咨询环境相比尚有一定的差异，以设计为核心的全过程工程咨询的推行环境尚不成熟。在此背景下，勘察设计企业应先行提升工程设计的经济水平和工程项目管理能力，以抢占全过程工程咨询先机，谋求组织定位，争当全过程工程咨询牵头单位。工程设计经济水平的提升，主要途径是实施限额设计、价值工程和设计方案比选。工程项目管理能力的提升，核心是设计管理，提升空间最大的是全过程项目管理。以设计牵头，实施全过程项目管理，实现设计向前后产业链的横向延伸，抓住设计这个工程产品形成的核心环节，实现项目管理的纵向深化。

2. 项目管理和工程监理企业转型发展策略

工程监理在施工过程中以合同为纽带，积极协调项目参与方之间的关系，以项目投资、质量、进度、安全控制为目标，对投资、质量、进度、安全进行控制；项目管理则是从项目全生命周期，通过项目策划和项目控制实现成本、质量、进度和安全目标。工程监理与项目管理的主要任务都可以概括为"四控、两管、一协调"，且二者都是以合同为依据，以合同管理和信息管理为抓手，以投资、进度、质量、安全控制为手段，实现投资、进度、质量、安全目标，其任务目标基本一致。同时，2003年国家推行项目管理以来，许多监理企业都在原有施工监理的基础上顺势而为，向上下游延伸，逐步由施工监理过渡到全过程全方位监理，向项目管理发展。目前，大量工程监理企业在转型开展项目管理及其他工程咨询服务。基于建筑市场的实际运行情况，将项目管理和工程监理企业列为一类企业进行发展策略分析。

项目管理类企业和工程监理企业在住房和城乡建设部的40家试点企业中各占6家。项目管理类企业的转型方向无疑是全过程项目管理，争当"1+N"中的"1"，最需要提升的是全过程项目管理能力及各咨询企业间的组织协调能力。近些年，工程监理企业正处于改革发展的关键时期，强制监理的范围在逐渐缩小，工程监理企业的转型方向也广受关注。《住房城乡建设部关于促进工程监理行业转型升级创新发展的意见》（建市〔2017〕145号）指出了监理企业转型升级发展的目标是"形成以主要从事施工现场监理服务的企业为主体，以提供全过程工咨询服务的综合性企业为骨干，各类工程监理企业分工合理、竞争有序、协调发展的行业布局""培育一批智力密集型、技术复合型、管理集约型的大型工程建设咨询服务企业"。可见，监理企业一方面要继续做强主业，夯实施工阶段监理优势；另一方面要积极转型全过程工程咨询，以施工阶段项目管理为核心优势，向产业链前端的投资管理、设计管理、招标采购管理以及造价管理等延伸，最终打通全过程项目管理链条。项目管理和工程监理企业均应积极应对全过程工程咨询的组织模式变革，在新的组织模式下积极转型探索新的发展路径，争当全过程工程咨询的牵头企业。

3.其他工程咨询类企业发展策略

投资咨询企业、造价咨询企业和招标代理企业由于业务属性局限，在全过程工程咨询中可能难以担当牵头单位，但在全过程工程咨询中担当重要的专业咨询角色，在组织模式变革背景下，亦应顺应变革积极调整业务布局、提升咨询服务质量，培育大咨询环境下的核心竞争力，谋求新的组织定位。

（1）投资咨询企业发展策略

投资咨询企业的业务范围基本没有大的变动，但由于实施全过程工程咨询，投资咨询位于咨询链条最前端，其咨询质量对全过程工程咨询质量，尤其是投资的精准预控有直接的、决定性的影响，而就当前的投资咨询而言，投资估算、经济性评价往往深度不足、精度不够，这对后期的设计质量和投资管控形成比较大的限制，有时甚至会因投资预估不足导致项目难以顺利开展。因此，投资咨询服务质量提升的关键是与设计、造价高度融合，提高投资估算和经济性评价的深度和精度，为全过程工程咨询的投资管控及工程项目的顺利开展奠定良好基础。

（2）造价咨询企业发展策略

不同于其他工程咨询，探讨造价咨询企业的发展方向，首先有必要明确造价咨询在全过程工程咨询中的组织定位。这主要是由于在目前的相关政策中造价咨询在全过程工程咨询中的地位尚不明确，而这是造价咨询企业转型发展的重要基础，因此，有必要对此问题进行专门分析。

1）造价咨询在全过程工程咨询中的组织定位

住房和城乡建设部发布的《房屋建筑和市政基础设施建设项目全过程工程咨询服务技术标准》（征求意见稿），将造价咨询定义为专项咨询，而未在全过程工程咨询业务组合中有明确体现（图2-21）。笔者认为，这样的组织安排未能真正体现造价咨询在全过程工程咨询中的地位与作用，但该文件在正文中对"工程建设全过程咨询"的术语定义为："工程咨询方接受建设单位委托，提供招标代理、勘察、设计、监理、造价、项目管理等全过程一体化咨询服务的活动。"造价与招标代理、勘察、设计、监理、项目管理并列为全过程一体化咨询服务的内容，而未与其他专项咨询——项目融资咨询、信息技术咨询、风险管理咨询、项目后评价咨询、建筑节能与绿色建筑咨询、工程保险咨询等并列出现，这与图2-21中的咨询服务体现的组织模式或存差异。目前该文件仅为征求意见稿，其他地方性政策文件中基本也把造价咨询和勘察、设计、监理、招标代理、项目管理等并提，我们也期待该文件的正式实施稿可以进一步明确造价咨询在全过程工程咨询中的地位。

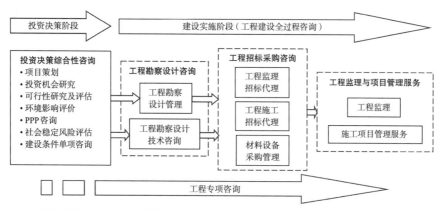

注：该图引自住房和城乡建设部2020年4月发布的《房屋建筑和市政基础设施建设项目全过程工程咨询服务技术标准（征求意见稿）》。

图2-21 全过程工程咨询业务组合示意图

从发展全过程工程咨询的目的来看，《国家发展改革委 住房和城乡建设部关于推进全过程工程咨询服务发展的指导意见》（发改投资规〔2019〕515号）指出是"为深化投融资体制改革，提升固定资产投资决策科学化水平，进一步完善工程建设组织模式，提高投资效益、工程建设质量和运营效率……"，表明深化投融资体制改革、提高投资效益是这项组织模式变革的重要目的。在工程咨询服务中，投资决策咨询和造价咨询是与投资效益紧密相关的咨询服务内容，投资决策咨询中的投资估算、经济性评价又与造价咨询密不可分，足见造价咨询是该变革中"投资效益"的重要担当。因此，笔者认为，造价咨询首先应明确界定为全过程造价咨询，以有助造价咨询向建设项目的投资决策阶段和勘察设计阶段延伸，更有效地发挥其对建设项目投资效益的把控；其次，应该明确全过程造价咨询在全过程工程咨询组织架构中的地位和作用，以有利于该组织模式变革关于"提高投资效益"意图的实现。

2）造价咨询企业发展策略

造价咨询企业的发展方向无疑是全过程造价咨询。虽然当前的造价咨询也大多是全过程的，但整体上讲，在项目建设前期的投资决策阶段和勘察设计阶段的参与深度不足，尤其是设计阶段往往未能有效实现"技术"与"经济"的深度融合，限额设计、价值工程、设计方案比选等执行不力，造价咨询对投资效益的把控力度有限。众所周知，设计阶段决定了建设投资的70%以上，想要实现全过程工程咨询"提高投资效益"的意图，投资决策和勘察设计阶段造价咨询的深入参与是关键。因此，造价咨询企业的转型发展，应在投资决策阶段和勘察设计阶段的造价咨询方面加强能力建设，实现设计技术与工程经济的深度融合，为工程建设实施阶段的投资控制打下良好的基础，提高建设项目的投资效益。

（3）招标代理企业发展策略

工程招标投标阶段是确定施工单位、监理单位等项目实施主体的主要环节，是合同关系及其主要条款形成的关键环节，招标投标工作质量在一定程度上决定着建设项目实施的质量，必须加以重视。招标代理是工程招标投标实施的主要力量，其招标咨询服务的质量是建设项目顺利、高质量实施的基础。在全过程工程咨询的政策背景下，招标代理企业的定位比较清晰，其转型发展的主要方向是加强业务能力建设，努力提高招标咨询服务质量，为全过程工程咨询一体化服务提供强有力的支撑。业务能力建设的重点方向是对合同额的精准把控，以及关键合同条款的科学决策，这是全过程工程咨询中经济、法律咨询服务的重要体现，也是合同顺利实施的重要基础。当前，招标代理企业的业务能力水平普遍不高，尤其是编制最高投标限价、评标定标、拟定合同条款等专业能力亟须提升，在实施全过程工程咨询的背景下，招标代理应与造价咨询深度融合，在条件充分的情况下，还应与工程法律咨询深度融合，在合同关键条款的拟定上做到科学严谨，规避合同实施风险。

全过程工程咨询是当前阶段建筑业实施组织模式变革的重要内容，对于广大工程咨询企业来说，这既是一次创新发展的历史性机遇，也将面临建筑市场环境转变带来的冲击和考验。工程咨询企业务必顺应变革探索转型发展的策略，方能抢抓机遇，在"大咨询"的组织模式下谋求新的定位，以期更大的发展。

2.4 全过程工程咨询的市场需求

2.4.1 工程咨询市场的内生需求

全过程工程咨询的提出与发展，从政策层面讲得益于供给侧结构性改革和高质量发展背景下国家及地方政策的大力引导，但本质上讲，是工程咨询市场以提高工程投资效益和工程建设质量为目的的内生需求。新时代背景下对工程投资效益和工程建设质量的新要求，是催生全过程工程咨询最根本的原因。

2019年7月施行的《政府投资条例》，将政府投资纳入法制轨道。其目的是充分发挥政府投资作用，提高政府投资效益，规范政府投资行为，激发社会投资活力。《政府投资条例》提出，政府投资应当遵循科学决策、规范管理、注重绩效、公开透明的原则，对政府投资决策和政府投资项目实施提出具体要求，包括：项目单位应当加强政府投资项目的前期工作，保证前期工作的深度达到规定的要求，并对项目建议书、可行性研究报告、初步设计以及依法应当附具的其他文件的真实性负责；政府投资项目不得由施工单位垫资建设；政府投资项目建设投资原则上不得超过经核定的投资概算；政府投资项目应当按照国家有关规定合理确定并严格执行建设工期，任何单位和个人不得非法干预；投资主管部门或者其他有关部门应当按照国家有关规定选择有代表性的已建成政府投资项目，委托中介服务机构对所选项目进行后评价。后评价应当根据项目建成后的实际效果，对项目审批和实施进行全面评价并提出明确意见。

政府投资是指使用预算安排的资金进行固定资产投资建设的活动，是全社会固定资产投资的重要组成部分。我国基础设施投资以政府投资为主，在国民经济发展中具有举足轻重的作用。从《政府投资条例》相关规定可以看出，国家对政府投资的规范性以及投资效益提出了明确要求，对投资决策和项目实施提出了具体要求。

在工程投资的强劲带动下，我国工程建设市场经历了快速的发展，对工程建设质量也提出了更高的需求。《国务院办公厅关于促进建筑业持续健康发展的意见》（国办发〔2017〕19号）提出要加强工程质量管理，严格落实工程质量责任。

全面落实各方主体的工程质量责任，特别要强化建设单位的首要责任和勘察、设计、施工单位的主体责任。严格执行工程质量终身责任制，对违反有关规定、造成工程质量事故的，依法给予责任单位停业整顿、降低资质等级、吊销资质证书等行政处罚并通过国家企业信用信息公示系统予以公示，给予注册执业人员暂停执业、吊销资格证书、一定时间直至终身不得进入行业等处罚。

基于当前工程建设市场实际，工程建设技术的发展已相对成熟，而工程咨询在提高工程投资效益和工程建设质量方面的作用还没有充分发挥和显现。因此，工程咨询市场需要将投资咨询、勘察设计、项目管理、造价管理、工程监理等咨询服务"融合"起来，打通工程建设项目"经济""管理"两条线，让"软咨询"与"硬技术"充分融合，用"经济"和"管理"手段进一步推动工程投资效益的提升和工程建设质量的提高。

2.4.2 建设单位的咨询服务需求

建设单位是工程项目建设的实施主体，对工程项目建设起到主导作用。一项针对建设单位人员队伍和管理基础的调研显示，当前建设单位队伍的人员和专业配备差异化明显：各地的地铁、城投等公司，投资额高且持续性强，经过多年的发展，基本已经构建起比较成熟、完备的管理队伍，全过程工程咨询推行以来，这类企业普遍依靠自身的管理队伍进行管理，对全过程工程咨询需求意愿不强；另一类是高校、医院等事业性单位，建设投资规模不稳定，当有新校区、新院区等新建、改扩建任务时，建设量骤然增加，多要面临管理人员数量不足、专业化人才配置不齐全或专业化程度难以满足要求等现实问题，对于能够提供全过程、跨阶段、一体化咨询服务的全过程工程咨询有强烈需求。一项针对建设单位对本单位建设项目开展全过程工程咨询需求意愿的调查结果如图2-22所示。

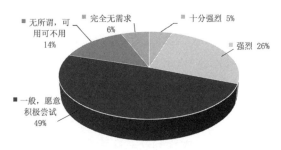

图2-22　建设单位对开展全过程工程咨询的意愿

31%的建设单位对于开展全过程工程咨询的意愿比较强烈，49%的建设单位愿意积极尝试，14%的建设单位对全过程工程咨询持无所谓的态度，6%的建设单位表示完全无需求。调研结果会受到当期单位建设任务量的影响，但总体上能够反映出建设单位对全过程工程咨询的意愿和态度，需求强烈或愿意积极尝试全过程工程咨询的建设单位基本占到八成，说明目前工程建设市场上建设单位对全过程工程咨询的需求还是比较强烈的。

2.4.3 市场需求的地域差异性

全过程工程咨询作为我国工程建设市场一种新的咨询服务模式，其推广和成熟需要一定的过程。从前文的政策分析，可以看到各地在响应国家政策、制定地方层面政策和具体的实施细则，以及具体项目的实施实践等方面存在进程上和深度上的明显差异，在相关政策制定的成熟度方面也表现出较大的差异性，这与各地建设市场的投资规模、业务布局，以及建筑业的发展水平存在比较直接的关联。整体而言，投资活跃、工程建设规模大、建筑业水平高的地区，对政策的响应和落地实施步伐较快，全过程工程咨询市场已经呈现出一定的规模，咨询服务模式、咨询服务费计取等方面已经积累了一定的经验；而投资规模小、建设项目数量不多、建筑业水平相对不高的地区，全过程工程咨询的发展进程则比较缓慢，工程建设市场上多维持传统的专业化咨询模式，或即使开展了全过程工程咨询，但多是传统专业化咨询的"叠加"，模式创新和专业融合没有很好地体现，工程咨询市场的发展相对平缓。

因此，本研究将对全过程工程咨询市场特征及地域性差异进行重点研究。首先，根据地理区位、经济发达程度及建筑业成熟程度，将我国按省份划分为东部、中部、西部三个地区，东部地区包括北京、天津、上海、河北、山东、江苏、浙江、福建、广东、海南、辽宁11个省（市），中部地区包括吉林、黑龙江、湖北、湖南、安徽、江西、河南、山西8个省份，西部地区包括内蒙古、陕西、宁夏、甘肃、四川、重庆、贵州、云南、广西、青海、新疆、西藏12个省（市、自治区）。其次，选取东部、中部、西部地区代表性城市，对其全过程工程咨询市场的发展情况进行系统梳理，并基于市场情况进行对比研究，以期为全过程工程咨询的平稳、健康、可持续发展做有益探索，让"政策"与"市场"深度"对话"，进而推动政策的完善和全过程工程咨询市场的健康发展。

第 3 章　东部地区全过程工程
　　　　　咨询市场研究

　　东部地区包括北京、天津、上海、河北、山东、江苏、浙江、福建、广东、海南、辽宁11个省（市）。东部各省市中，天津和上海的公共资源交易平台未查询到全过程工程咨询项目的相关交易信息，故未纳入统计范畴；山东省济南市的公共资源交易中心未开放检索功能，故选择青岛市为山东省的代表城市；海南省海口市在统计时段内无全过程工程咨询项目交易信息，故选择三亚市为海南省的代表城市。因此，选取北京、石家庄、青岛、南京、杭州、福州、广州、三亚和沈阳9个城市为东部地区的代表城市，并通过资源交易平台等官方渠道，收集当地全过程工程咨询相关交易信息并归类梳理。各地公共项目信息来源于招标公告或招标文件，中标相关信息来源于中标公告，信息收集的时间节点为2020年7月1日至2022年6月30日。

　　经统计，剔除已终止项目及尚未完成招标的项目，东部地区共搜集了474个全过程工程咨询项目的交易信息。其中，投资额最高的项目是蓝谷至胶东国际机场快速通道工程G228丹东线（蓝谷至石棚水库）改建工程及G204烟上线（石棚水库至城阳胶州界）改建工程、蓝谷至胶东国际机场快速通道工程（胶州段），总投资228.75亿元，工程造价137.9亿元。该项目全过程工程咨询服务招标包含五部分内容，分别为：全过程项目咨询统筹管理、可行性研究报告编制、工程勘察设计、设计阶段BIM应用及科研课题研究，招标控制价为2.3571亿元，中标单位为青岛市交通科学研究院、山东省交通规划设计院集团有限公司、中交公路规划设计院有限公司、华设设计集团股份有限公司（联合体），中标金额为2.3239亿元，其中全过程项目咨询统筹管理最高投标限价为236万元。由于各地招标公告披露信息口径不一致，中标公告的中标金额公示方法也不统一，有些直接列出了中标金额，有些以费率、下浮率、优惠率等表示，故全过程工程咨询项目的总投资额和总中标金额无法统计。这也反映出全过程工程咨询市场咨询服务费计费方式的差异性。

　　东部地区各代表城市全过程工程咨询项目数量如表3-1所示。从实施全过程工程咨询的项目数量上来看，东部地区共有474个项目实施了全过程工程咨询，各城市间全过程工程咨询项目数量差异较大。其中，南京市有156个全过程工程咨询项目，是东部地区项目数量最多的城市；青岛市有121个全过程工程咨询项目，杭州市有97个，都是项目数量比较多的地区；广州市的项目数量是54个，福州市的项目数量是29个，也已初步形成全过程工程咨询市场；北京、石家庄、三亚和沈阳的全过程工程咨询项目数量均在10个以下。

东部地区各代表城市全过程工程咨询项目数量　表3-1

地区	北京	石家庄	青岛	南京	杭州	福州	广州	三亚	沈阳	合计
项目数量（个）	5	9	121	156	97	29	54	2	1	474

下面，将根据东部地区全过程工程咨询项目的基本信息，统计并识别发包人和中标人的特征，分析建设类型和项目类型，剖析全过程工程咨询的服务内容和模式，探讨东部地区全过程工程咨询市场的发展情况。

3.1 发包人与中标人情况

3.1.1 发包人情况

东部地区共有474个全过程工程咨询项目，按照单位性质，可将发包人划分为政府机构、事业单位、国有企业、民营企业、自治组织，各类发包人发包的项目数量统计结果如表3-2和图3-1所示。东部地区474个项目的发包人中，民营企业仅有15家，占比仅3.16%，反映出96%以上的全过程工程咨询项目的发包人为"国有"性质的单位。这些"国有"性质的单位中，国有企业的全过程工程咨询项目占比达60%，政府机构占比也接近30%，其余为事业单位和自治组织，反映出政府投资项目在全过程工程咨询项目中占据主导地位。

东部地区全过程工程咨询项目不同性质发包人数量及占比　表3-2

发包人性质	政府机构	事业单位	国有企业	民营企业	自治组织	合计
数量（个）	129	33	289	15	8	474
占比（%）	27.22	6.96	60.97	3.16	1.69	100.00

在33个事业单位性质的发包人中，有17个是高校，9个是医院，5个是中小学及幼儿园，另有福利院和实验室各1个，将其划为其他门类，统计结果如表

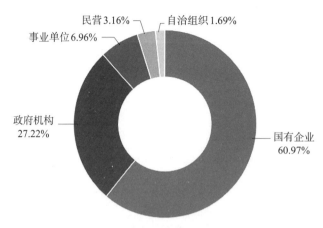

图3-1　东部地区全过程工程咨询项目不同性质发包人发包项目数量占比

3-3和图3-2所示。在事业单位性质的发包人中，高校占比超过50%，这与近些年伴随我国高等教育事业的发展而开展的新校区建设、老校区改扩建的现实相吻合。同时，医院建设项目占比达27%，反映出医疗建设项目也占有一定比重。

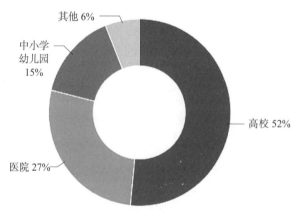

图3-2　东部地区全过程工程咨询项目事业单位性质发包人占比

东部地区全过程工程咨询项目事业单位性质发包人统计　　　　　　　　表3-3

发包人性质	高校	中小学幼儿园	医院	其他	合计
数量（个）	17	5	9	2	33
占比（%）	52	15	27	6	100

3.1.2　中标人情况及特征

全过程工程咨询是新兴的工程咨询模式。建筑市场现有工程咨询企业中，能够独立承担全过程工程咨询全部咨询服务的企业尚属少数，根据项目数量和中标人频次，可以计算得到项目平均中标人数量，进而反映全过程工程咨询市场联合投标的情况。通过中标企业数量和项目数量、中标人频次的对比，可以反映当地工程咨询市场的"集中度"。另外，由于全过程工程咨询伴随工程项目建设全过程，项目管理、工程监理等服务存在"施工现场服务"的需求，且需要各专业咨询之间的"融合"以提升咨询服务质量，所以中标人的"本地化属性"值得特别关注。本地化是指中标企业与项目在同一省域。基于可获得的项目交易信息，可以通过本地中标人频次、本地中标人占所有中标人比例、本地中标企业数量、第一中标人本地的项目数量及其占比、中标人含本地企业的项目数量及其占比等数据，探析全过程工程咨询市场的本地化特征。东部地区474个全过程工程咨询项目的中标人情况统计如表3-4所示，据此可分析东部地区全过程工程咨询项目中标人的特征。

东部地区全过程工程咨询项目中标人情况统计　　表3-4

地区	北京	石家庄	青岛	南京	杭州	福州	广州	三亚	沈阳	合计数量/平均占比
项目数量（个）	5	9	121	156	97	29	54	2	1	474
中标人频次（个）	9	10	300	242	179	60	116	3	4	923
项目平均中标人数量（个）	1.80	1.11	2.48	1.55	1.85	2.07	2.15	1.50	4.00	1.95
中标企业数量（个）	9	9	130	100	73	34	59	3	4	421
本地中标人频次（个）	8	7	267	233	165	55	102	0	2	839
本地中标人占所有中标人比例（%）	88.89	70.00	89.00	96.28	92.18	91.67	87.93	0	50.00	90.90
本地中标企业数量（个）	9	6	104	92	64	29	46	0	2	352
第一中标人本地的项目数量（个）	5	7	109	152	92	29	48	0	1	443
第一中标人为本地企业的项目占比（%）	100.00	77.78	90.08	97.44	94.85	100.00	88.89	0	100.00	93.46
中标人含本地企业的项目数量（个）	5	7	115	154	94	29	50	0	1	455
中标人含本地企业的项目占比（%）	100.00	77.78	95.04	98.72	96.91	100.00	92.59	0	100.00	95.99

1. 联合体中标特征明显，但地区差异较大

从项目平均中标人数量来看，474个全过程工程咨询项目的中标人共923个，项目平均中标人数量是1.95个。其中，联合体中标项目280个，占项目总量的59.1%，独立中标项目194个，占比为40.9%，反映出东部地区联合体中标占比较大，独立中标占比略小。东部地区中标人数量最多的是香港科技大学（广州）项目二期工程全过程工程咨询，中标人有9个，分别是：广州南沙产业建设管理有限公司、广东建科施工图审查有限公司、广东省建筑工程监理有限公司、中国建筑西南设计研究院有限公司、广东省国际工程咨询有限公司、新誉时代工程咨询有限公司、广东拓腾工程造价咨询有限公司、广州建筑工程监理有限公司和广东重工建设监理有限公司，服务内容包括建设管理、全过程设计咨询、施工图审查、全过程造价咨询、监理和招标代理。由于三亚和沈阳分别只有两个项目和一个项目，统计意义不大，因此将其排除，对其他城市中标人数量情况进行统计，结果如表3-5所示。由表3-5可知，东部地区各省市联合体中标特征存在一定差异性。

东部地区部分城市全过程工程咨询项目不同中标人数量分布　　表3-5

中标人数量 地区/数量	9个	6个	5个	4个	3个	2个	1个	项目数量合计（个）	联合体中标项目占比（%）
杭州	—	—	—	—	8	66	23	97	76
青岛	—	1	9	16	26	38	31	121	74
福州	—	—	1	2	6	9	11	29	62
北京	—	—	—	—	1	2	2	5	60
广州	1	—	—	7	10	13	23	54	57
南京	—	—	1	4	14	42	95	156	39
石家庄	—	—	—	—	—	1	8	9	11

青岛和杭州的联合体中标项目占比在75%左右，项目平均中标人数量分别为2.48和1.85，均表现出较为显著的联合体中标特征；北京和福州的联合体中标项目占比均超过60%，项目平均中标人数量分别为1.8和2.07，联合体中标特征也较为显著；广州的项目平均中标人数量是2.15，但联合体中标项目占比仅有57%，原因在于香港科技大学（广州）项目二期工程有9个中标人，拉高了项目平均中标人数量的平均值，但总体上看，广州市联合体中标特征不显著，联合体中

标和独立中标基本上均衡；南京有156个项目，是东部地区项目数量最多的城市，项目平均中标人数量为1.55，联合体中标项目占比为39%，有95个项目只有一个中标人，占比接近61%，反映出南京市独立中标特征明显，联合体中标特征不显著；石家庄有9个项目，共10个中标人，只有一个项目有两个中标人，其他8个项目都是独立中标，联合体中标项目占比仅有11%，联合体中标特征极其不显著。因此，总体来看，东部地区联合体中标特征较为明显，但地区差异较大。

2. 中标人"本地化"属性明显

从本地企业中标情况来看，东部地区九个城市全过程工程咨询项目本地中标人占全部中标人的比例超过90%。从各个地区的情况来看，南京、杭州和福州的本地中标人占比超过90%，南京市的本地中标人占比高达96.28%，表现出强劲的"本地化"属性；青岛、北京和广州的本地中标人占比也比较高，为87%～89%，以上六个城市的中标人"本地化"均十分显著。石家庄的本地中标人占比为70%；沈阳仅1个项目，有4个中标人，本地中标人和外地中标人各占一半，但牵头单位为本地项目管理公司；三亚有2个项目，3个中标人均为外地企业，石家庄、沈阳的中标人"本地化"属性均不是很明显，三亚的中标人"本地化"属性极其不明显。南京、青岛、杭州、福州等地全过程工程咨询项目数量较多，全过程工程咨询市场更为成熟，中标人"本地化"属性也更加突出，体现出全过程工程咨询市场典型的中标人"本地化"属性。

从第一中标人的本地化情况来看，各地区第一中标人"本地化"占比除三亚持平外，其他地区均高于本地中标人占比，各地平均有高于93%的项目的第一中标人为本地企业。其中，北京、福州和沈阳的35个项目，第一中标人全部为本地企业；南京的项目数量最多，第一中标人"本地化"占比达到97.44%，与中标人"本地化"占比均居于高位，反映出南京的全过程工程咨询市场已经初步形成，或许是因为南京所在的江苏省为"建筑业大省"，建筑业企业数量大、实力强，导致南京市全过程工程咨询项目中标人"本地化"属性极其明显；杭州和青岛的项目数量也比较多，第一中标人"本地化"占比同样处于高位，分别达到94.85%和90.08%，第一中标人"本地化"属性明显。与南京相比，杭州和青岛的项目平均中标人数量均较高，青岛达到2.48，杭州也达到1.85，而南京只有1.55，反映出青岛和杭州的全过程工程咨询市场的"开放性"较强，南京的全过程工程咨询市场则表现出强烈的"本地化"色彩。广州和石家庄的第一中标人

"本地化"占比略高于中标人"本地化"占比，分别为88.89%和77.78%。整理来看，东部地区全过程工程咨询市场中标人"本地化"属性明显，且全过程工程咨询市场越发达的地区，"本地化"特征越突出。图3-3展示了东部地区全过程工程咨询项目中标人的"本地化"情况。

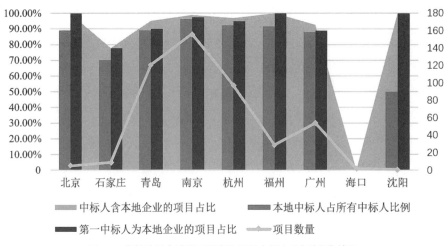

图3-3　东部地区全过程工程咨询项目中标人"本地化"情况

3."竞争型"市场与"寡占型"市场并存

各地区中标频次较高的中标人的市场占有率，可以反映该地区全过程工程咨询市场的集中度。由于全过程工程咨询服务计费方式不统一，各项目中标金额的表示方法也不一致，因此难以统计全过程工程咨询市场的营业额。本文选用行业集中率（CRn指数），以中标项目频次为变量，计算各地区全过程工程咨询市场的CR4和CR8，可以在一定程度上反映各地区的市场集中度，计算方法见式3-1。

$$\text{CR}n = \sum_i^n \frac{X_i}{X} \times 100\% \qquad (3\text{-}1)$$

东部地区典型城市的行业集中率计算结果如表3-6所示。其中，北京、石家庄、三亚、沈阳由于项目数量较少，研究市场"集中度"的基础条件不足，故仅以青岛、南京、杭州、广州、福州为代表，探索全过程工程咨询市场中标人的市场分布情况。

东部地区全过程工程咨询市场集中率　　　　表3-6

项目所在地	中标人	中标项目频次	是否本地企业	CR4	CR8
青岛	青岛青咨工程咨询有限公司	19	是	21.3%	32.0%
	青岛华鹏工程咨询集团有限公司	17	是		
	青岛市勘察测绘研究院	16	是		
	昊金海建设管理有限公司	12	是		
	青岛地矿岩土工程有限公司	10	是		
	青岛信达工程管理有限公司	8	是		
	青岛腾远设计事务所有限公司	7	是		
	青岛青咨建设监理有限公司	7	是		
	青岛市工程建设监理有限责任公司	6	是		
	中达工程管理咨询有限公司	6	是		
	中精信工程技术有限公司	5	是		
	青岛建通浩源集团有限公司	5	是		
	青岛市崂山区市政工程勘察测绘有限公司	5	是		
	青岛高园建设咨询管理有限公司	4	是		
	青岛城市建筑设计院有限公司	4	是		
	青岛市政监理咨询有限公司	4	是		
	青岛市市政工程设计研究院有限责任公司	4	是		
	山东大明工程咨询有限公司	4	是		
	核工业青岛工程勘察院	4	是		
南京	南京永泰工程咨询有限公司	22	是	27.7%	36.4%
	南京建宁工程造价咨询有限公司	22	是		
	南京永平建设项目管理有限公司	16	是		
	江苏建诚工程咨询有限公司	7	是		
	江苏省华厦工程项目管理有限公司	6	是		
	南京长江都市建筑设计股份有限公司	5	是		
	南京第一建设事务所有限责任公司	5	是		
	南京德阳工程监理咨询有限公司	5	是		
	江苏星星工程咨询有限公司	5	是		
	江苏志诚工程咨询管理有限公司	5	是		
	南京苏宁工程咨询有限公司	4	是		
	南京上元工程监理有限责任公司	4	是		
	南京美田工程项目管理有限公司	4	是		

项目所在地	中标人	中标项目频次	是否本地企业	CR4	CR8
南京	南京建淳造价师事务所有限公司	4	是	27.7%	36.4%
	江苏建科工程咨询有限公司	4	是		
	江苏海外集团国际工程咨询有限公司	4	是		
	江苏金永诚建设投资管理咨询有限公司	4	是		
	江苏建发建设项目咨询有限公司	4	是		
杭州	浙江泛华工程咨询有限公司	12	是	24.6%	40.8%
	浙江求是工程咨询监理有限公司	12	是		
	城市建设技术集团（浙江）有限公司	10	是		
	耀华建设管理有限公司	10	是		
	浙江省工程咨询有限公司	10	是		
	万邦工程管理咨询有限公司	7	是		
	德邻联合工程有限公司	6	是		
	浙江明康工程咨询有限公司	6	是		
	浙江建友工程咨询有限公司	6	是		
	浙江五洲工程项目管理有限公司	5	是		
	浙江江南工程管理股份有限公司	5	是		
	杭州市市政公用建设开发集团有限公司	5	是		
	晨越建设项目管理集团股份有限公司	5	否/四川		
	杭州天恒投资建设管理有限公司	4	是		
	浙江工程建设管理有限公司	3	是		
	政通建设管理有限公司	3	是		
广州	广州市白云工程咨询管理有限公司	11	是	29.3%	40.5%
	广州建筑工程监理有限公司	9	是		
	广州珠建工程造价咨询有限公司	7	是		
	广州珠江工程建设监理有限公司	7	是		
	广东省国际工程咨询有限公司	4	是		
	广东丰帆工程咨询有限公司	3	是		
	广东省建筑工程监理有限公司	3	是		
	广州广建和工程造价咨询有限公司	3	是		
	广州南沙产业建设管理有限公司	3	是		
	广州市白云城市建设投资有限公司	3	是		
	广州市东建工程建设监理有限公司	3	是		

续表

项目 所在地	中标人	中标项 目频次	是否本 地企业	CR4	CR8
广州	中国建筑西南设计研究院有限公司	3	否/四川	29.3%	40.5%
福州	福建省建筑设计研究院有限公司	5	是	30.3%	43.9%
	福州市规划设计研究院集团有限公司	5	是		
	福建工大工程咨询管理有限公司	5	是		
	福州市建筑设计院有限责任公司	5	是		
	福建天正建筑工程监理有限责任公司	3	是		
	福建省建筑轻纺设计院有限公司	2	是		
	福建省机电沿海建筑设计研究院有限公司	2	是		
	福州城建设计研究院有限公司	2	是		
	福建省冶金工业设计院有限公司	2	是		
	福州市勘测院	2	是		
	福建华夏工程造价咨询有限公司	2	是		
	福建诚正工程造价咨询有限公司	2	是		
	福建博宇建筑设计有限公司	2	是		

075

根据美国经济学家贝恩和日本通产省对产业集中度的划分标准，将产业市场结构粗分为寡占型（CR8≥40%）和竞争型（CR8＜40%）两类。其中，寡占型又细分为极高寡占型（CR8≥70%）和低集中寡占型（40%≤CR8＜70%）；竞争型又细分为低集中竞争型（20%≤CR8＜40%）和分散竞争型（CR8＜20%）。可以看到，杭州、福州和广州的CR8均大于40%，属于寡占型，且都属于低集中寡占型；南京和青岛的CR8均处于20%到40%之间，已经形成低集中竞争型市场，两地项目数量在东部地区是最多的，市场竞争也是最充分的，全过程工程咨询市场发展态势良好。

从承接项目数量较多的中标人排名来看，青岛、南京、杭州、广州、福州五地排名前78的企业，76个企业都是"本地"企业，这也从另一个侧面印证了全过程工程咨询项目中标人具有明显的"本地化"属性。

4.中标人类型呈现"三段式"分布

对东部地区全过程工程咨询项目的中标人类型进行统计分析，结果如图3-4所示。东部地区的中标人，呈现出明显的"三段式"分布特征。勘察设计、项目管理和综合性工程咨询类中标人中标频次高，三类企业中标频次均超过200，三类企业中标频次占中标人总频次的76.27%，占据了全过程工程咨询的大部分市场，且三类企业作为第一中标人的项目，占项目总量的77.85%。这三类企业是东部地区全过程工程咨询市场的"主力军"。其中，综合性工程咨询企业是指企业名称已脱离了单一的专业服务类别，而是直接命名为"工程咨询""工程服务"等，业务范围也包含设计、监理、造价、项目管理、招标代理等较综合的工程咨询服务内容，有些咨询企业的服务内容还包含施工，命名为"工程建设"等。这类综合性工程咨询企业在全过程工程咨询市场中占有一定比例，且其数量呈现出一定的上升趋势，反映出工程领域部分企业正在朝着"大咨询"的方向转型，此发展模式与国际上的工程顾问公司较为接近。监理类和造价咨询类企业有一定的市场占有率，两类企业合计占中标人总频次的19%，作为第一中标人的项目占总项目的17.5%，在全过程工程咨询市场中占有一席之地，但市场占有率比较低。投资咨询、招标代理、施工和工程检测类企业在全过程工程咨询市场中的占有率低，但值得关注的是，投资咨询类企业总中标频次为17，第一中标人的频次为11，占64.71%，反映出东部地区投资咨询类企业市场占有率虽低，但在项目中的"主导"地位是比较突出的，或许也侧面体现出东部地区全过程工程咨询项目对投资管控有一定的重视。

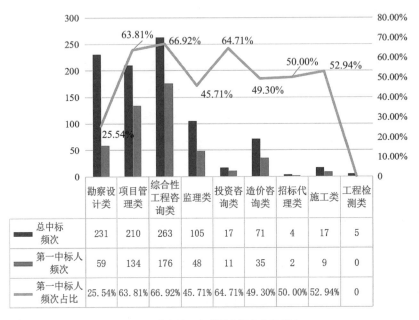

	勘察设计类	项目管理类	综合性工程咨询类	监理类	投资咨询类	造价咨询类	招标代理类	施工类	工程检测类
总中标频次	231	210	263	105	17	71	4	17	5
第一中标人频次	59	134	176	48	11	35	2	9	0
第一中标人频次占比	25.54%	63.81%	66.92%	45.71%	64.71%	49.30%	50.00%	52.94%	0

图3-4　东部地区各类型中标人中标频次

5."项目管理"牵头凸显"压倒性"优势

从第一中标人的统计情况看，项目管理类和综合性工程咨询类企业优势突出，第一中标人频次占比分别达到63.81%和66.92%，反映出这两类企业不但中标项目数量多，而且"牵头"优势明显，两类企业牵头项目总计310个，占东部地区全部项目的65.4%，可以说是"量效齐优"。相比之下，中标频次有231的勘察设计企业，第一中标人频次仅有59，第一中标人频次占比仅有25.54%，是除工程检测类企业外第一中标人频次占比最低的咨询企业类型。可见，东部地区全过程工程咨询市场"项目管理"牵头与"设计"牵头相比，体现出"压倒性"优势。

3.2 建设类型与项目类型

3.2.1 建设类型

东部地区474个全过程工程咨询项目中，新建项目有333个，占70.25%，改扩建项目131个，占27.64%，另有4个迁建项目和6个装饰装修项目，统计结果如表3-7和图3-5所示。可见，全过程工程咨询已涵盖新建、改扩建、迁建项目，以及装饰装修项目。东部地区的全过程工程咨询项目中，新建项目占比最大，超

东部地区全过程工程咨询项目建设类型数量与占比　　　　　　　　　表3-7

建设类型	新建	改扩建	迁建	装饰装修	合计
数量（个）	333	131	4	6	474
占比（%）	70.25	27.64	0.84	1.27	100.00

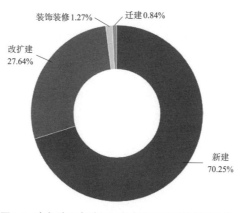

图3-5　东部地区全过程工程咨询项目建设类型占比

过70%，改扩建项目也有27.64%，反映出东部地区改扩建项目市场有一定的规模。采用全过程工程咨询的装饰装修项目仅有6个，市场规模较小。

3.2.2 项目类型

东部地区474个全过程工程咨询项目中，房建项目有342个，占72.15%，市政项目有132个，占27.85%。各类项目数量如表3-8所示。

东部地区全过程工程咨询项目类型数量　　　　　　　　　　　表3-8

房建	住宅	产业园	办公用房	中小学幼儿园	高校	老旧小区改造	保障性用房	医院	大型公建	片区改造	福利院	村镇综合	/	/	/	合计
	45	18	97	48	24	24	33	35	9	2	1	6	/	/	/	342
市政	道路	给水排水	公园	景观改造	停车场	交通枢纽	环境治理	能源供热	防火通道	地下空间	管廊	环卫	降噪工程	路灯	输油气	合计
	58	24	3	12	5	5	8	1	3	5	5	2	2	1	1	132

房建项目包括住宅、产业园、办公用房、中小学幼儿园、高校、老旧小区改造、保障性住房、医院、大型公建、片区改造等。由表3-8的统计数据可知，东部地区办公用房项目数量最多，有97个，在房建项目中遥遥领先；其次是中小学幼儿园、住宅、保障性用房、医院、高校等"民生性"建设项目，也都有一定数量；产业园项目和大型公建项目数量并不多，另有零星片区改造或村镇综合项目。从房建项目的分布可以看到（图3-6），东部地区采用全过程工程咨询模式

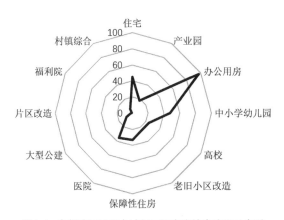

图3-6　东部地区采用全过程工程咨询的房建项目类型

的办公和"民生性"建设项目数量大，而"产业性"项目数量较少。究其原因，一方面或许是由于东部地区"主观"选择了办公和"民生性"建设项目采用全过程工程咨询模式，另一方面，或许反映出当前东部地区房建建设市场即以办公和"民生性"建设项目为主。

市政项目包括道路、给水排水、公园、景观改造、停车场、交通枢纽、环境治理、能源供热、地下空间等。由表3-8的统计数据可知，东部地区道路和给水排水项目数量最多，道路项目有58个，给水排水项目有24个，分别占市政项目的43.9%和18.2%，两者合计占市政项目的62.1%；景观改造和环境治理项目共有20个，占15.15%，其他市政类项目明显比较分散，数量都不大。市政项目的分布如图3-7所示。

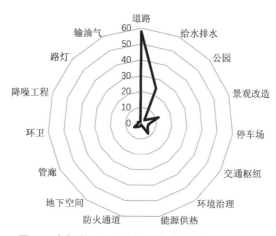

图3-7 东部地区采用全过程工程咨询的市政项目类型

从以上统计数据可以看到，东部地区实施全过程工程咨询的建设类型和项目类型均比较广泛，全过程工程咨询已成为工程项目咨询领域的重要咨询服务模式。

3.3 咨询服务内容与模式

3.3.1 咨询服务内容

东部地区全过程工程咨询项目服务内容频次及占比情况如表3-9和图3-8所示。其中，占比情况是指该项服务内容中标频次占东部地区474个全过程工程咨询项目的比例。

东部地区全过程工程咨询项目服务内容频次及占比　　　　　　　　表3-9

服务内容	勘察	设计	项目管理	监理	造价	招标代理	项目前期咨询	BIM咨询	建筑节能与绿色建筑咨询	工程检测服务
频次（个）	178	237	292	415	403	173	84	53	18	82
占比（%）	37.55	50.00	61.60	87.55	85.02	36.50	17.72	11.18	3.80	17.30

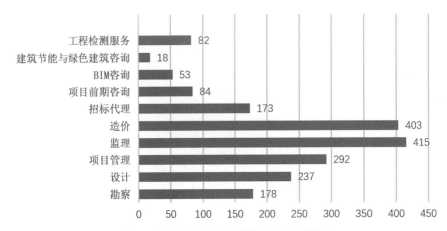

图3-8　东部地区全过程工程咨询服务内容频次

　　全过程工程咨询服务内容也呈现出"三段式"分布特征。超过60%的全过程工程咨询项目，都包含监理、造价和项目管理服务，其中，包含监理和造价的项目均超过了85%，其次是项目管理，达到61.6%；包含设计、勘察和招标代理的项目分别占50%、37.55%和36.50%，基本为30%～50%；项目前期咨询、工程检测服务、BIM咨询、建筑节能与绿色建筑咨询等服务内容占比均低于20%。可以看到，东部地区的全过程工程咨询市场中，监理、造价的"硬需求"表现突出，项目管理服务在全过程工程咨询的带动下表现出旺盛的"成长性"，有超过六成的建设项目的咨询服务中包含了项目管理，勘察和招标代理在一定程度上被重视。然而，只有17.72%的项目包含了项目前期咨询，这一比例，难以体现前期咨询在建设项目全过程工程咨询中的重要地位和作用，值得关注。项目前期咨询包含投资决策咨询、可行性研究、环境影响咨询、工程测量、水土保持咨询、专项咨询、报批报建等多项咨询内容，服务内容出现频次最高的是可行性研究，有46次。这些服务内容就属于全过程工程咨询中的"弱需求"，虽有一定市场，但没有形成规模。

　　与图3-4中东部地区中标人类型的统计结果对比可以发现，监理类企业和造价咨询类企业的中标频次分别有105次和71次，与服务内容的415和403频次有着相当大的差距。究其原因，项目管理类、综合性工程咨询类及勘察设计类企业均有一定的监理、造价服务能力，在全过程工程咨询模式下，体现出"大咨询"的优势，而专业服务企业的生存空间在一定程度上被挤占。这也从另一个侧面反映出，项目管理类、综合性工程咨询类及勘察设计类企业应进一步丰富服务内容，提高全过程工程咨询服务能力，而专业性的工程咨询公司若想角逐全过程工程咨询市场，应向综合性工程咨询公司转型，以提升全过程工程咨询竞争力，博得一定市场空间。

3.3.2 咨询服务模式

东部地区全过程工程咨询项目的服务内容中，勘察、设计、项目管理、招标代理、监理、造价是主要的咨询服务内容，BIM咨询、建筑节能与绿色建筑咨询、项目前期咨询等服务内容频次均有限。首先，统计勘察、设计、项目管理、招标代理、监理、造价六项服务内容的组合模式，探究东部地区全过程工程咨询服务模式的特征。由于组合模式离散性较大，这里仅给出出现频次大于10的组合模式，如图3-9所示。

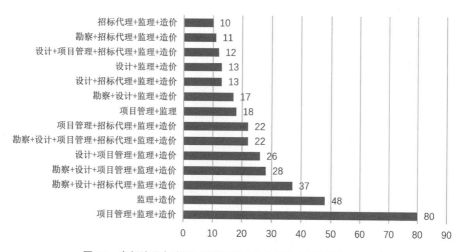

图3-9 东部地区全过程工程咨询服务组合模式（出现频次大于10）

图3-9显示，东部地区全过程工程咨询服务组合模式中，"监理+造价"同时出现的频次最高，共计361次，占474个项目的76.2%，这主要源于监理和造价在全过程工程咨询项目中的"硬需求"特征；"项目管理+监理+造价"的组合模

式出现频次最多，共有80次，若叠加其他组合模式中包含"项目管理＋监理＋造价"的，共计206次，占东部地区全部项目的43.5%，即有43.5%的全过程工程咨询项目都包含"项目管理＋监理＋造价"组合服务。究其原因，一方面源于全过程工程咨询中监理和造价的"硬需求"特征；另一方面，凸显了"项目管理"在东部地区全过程工程咨询市场中的优势地位。"招标代理＋监理＋造价"的组合方式共出现135次，占东部地区全部项目的28.5%，反映出东部地区全过程工程咨询市场对"招标代理"已有一定程度的重视，但"招标代理"与其他服务内容的组合模式尚未呈现出明显特征；"勘察＋设计＋项目管理＋招标代理＋监理＋造价"的"全专业"服务模式共出现22次，占东部地区全部项目的4.6%，反映出全专业、一体化的全过程工程咨询服务在实践中尚处摸索阶段；勘察、设计及其他咨询服务内容在全过程工程咨询服务模式中未显现出明显特征。

3.4 小结与评述

以北京、石家庄、青岛、南京、杭州、福州、广州、三亚和沈阳九个城市为代表的东部地区的全过程工程咨询市场已初步形成，并展现出一定的市场特征。对2020年7月至2022年6月各地的全过程工程咨询交易信息进行统计分析，可以探知当前全过程工程咨询市场的发展情况及特征，主要表现如下：

第一，东部地区全过程工程咨询的发展不均衡。中部地区474个全过程工程咨询项目，南京市占了156个，青岛市占了121个，杭州市有97个，广州市有54个，福州市也有29个，而北京、石家庄、三亚、沈阳等城市的项目仅有个位数。初步呈现为沿海城市（除三亚）和内陆城市的"二分格局"。

第二，东部地区全过程工程咨询市场特征明显。东部地区474个全过程工程咨询项目，有96%以上为"国有"性质发包人，政府投资项目在全过程工程咨询项目中占据主导地位。从建设类型看，全过程工程咨询已涵盖新建、改扩建、迁建和装饰装修项目。从项目类型看，房建项目大概占72%，市政项目约占28%。房建项目中办公用房项目数量最多，其次是中小学幼儿园、住宅、保障性住房、医院、高校等"民生性"建设项目，产业园项目和大型公建等"产业性"项目数量较少。中标人的情况呈现出一些明显特征，如：联合体中标特征明显，但地区差异较大；本地中标人占全部中标人的比例超过90%，各地平均有高于93%的项目第一中标人为本地企业，中标人"本地化"属性凸显；"竞争型"市场与"寡占型"市场并存，南京和青岛项目数量多，市场竞争充分，已形成低集中竞争型市场，杭州、福州和广州属于低集中寡占型市场；中标人类型呈现"三段式"分布，勘察设计、项目管理和综合性工程咨询类中标人是东部地区全过程工程咨询市场的"主力军"，监理类和造价咨询类企业有一定的市场占有率，但市场占有率比较低，投资咨询、招标代理、施工和工程检测类企业在全过程工程咨询市场中的占有率更低，但投资咨询类企业第一中标人频次占比较高，反映出其在项目中比较突出的"主导"地位；"项目管理"牵头与"设计"牵头相比，凸显"压倒性"优势。

第4章　　中部地区全过程工程
咨询市场研究

中部地区包括吉林、黑龙江、湖北、湖南、安徽、江西、河南、山西8个省份，分别选取长春、哈尔滨、合肥、南昌、郑州、武汉、长沙、长治为各省的代表城市，其中，山西省太原市的公共资源交易平台未查询到全过程工程咨询相关交易信息，故根据其他城市规模及交易数据情况，选取长治市为山西省代表城市。通过各地公共资源交易平台等官方渠道，收集当地全过程工程咨询相关信息并归类梳理，其中项目信息来源于招标公告或招标文件，中标相关信息来源于中标公告，信息收集的时间节点为2020年7月1日至2022年6月30日。

经统计，剔除已终止项目及尚未完成招标的项目，中部地区共有311个全过程工程咨询项目。其中，投资额最高的是中国电信天翼云中南数字产业园项目（一期）土建工程一标段全过程工程咨询，总投资60亿元，中标金额为1747.1924万元，包含设计、造价和监理服务。由于各地招标公告披露信息口径不一致，中标公告的中标金额公示方法也不统一，有些直接列出了中标金额，有些以费率、下浮率、优惠率等表示，故全过程工程咨询项目的总投资额和总中标金额无法统计。这也反映出全过程工程咨询市场咨询服务费计费方式的差异性。

中部地区各代表城市全过程工程咨询项目数量如表4-1所示。中部地区共有311个项目实施了全过程工程咨询，各城市间全过程工程咨询项目数量差异非常大。其中，长沙市有227个全过程工程咨询项目，明显高出其他地区，哈尔滨、武汉、合肥、长春的项目数量为10～40个，其他地区项目数量不足10个，南昌和郑州均只有1个全过程工程咨询项目。

中部地区各代表城市全过程工程咨询项目数量　　　　　　表4-1

地区	长春	哈尔滨	合肥	南昌	郑州	武汉	长沙	长治	合计
项目数量（个）	12	34	11	1	1	19	227	6	311

下面，将根据全过程工程咨询项目的基本信息，统计并识别发包人和中标人的特征，分析项目类型及资金来源，剖析全过程工程咨询的实施模式，以及中部地区全过程工程咨询项目中标人的特征。

4.1 发包人与中标人情况

4.1.1 发包人情况

中部地区311个全过程工程咨询项目，将发包人按照性质划分为政府机构、事业单位、国有企业、民营企业，统计结果如表4-2和图4-1所示。其中，民营企业仅有15家，占比不足5%，反映出95%以上的全过程工程咨询项目的发包人为"国有"性质的单位。这些"国有"性质发包人中，国有企业的全过程工程咨询项目占比接近60%，政府机构占比也接近30%，说明政府投资项目在全过程工程咨询项目中占据主导地位。

中部地区全过程工程咨询不同性质项目发包人发包数量及占比　　表4-2

发包人性质	政府机构	事业单位	国有企业	民营企业	合计
数量（个）	91	27	178	15	311
占比（%）	29.26	8.68	57.24	4.82	100.00

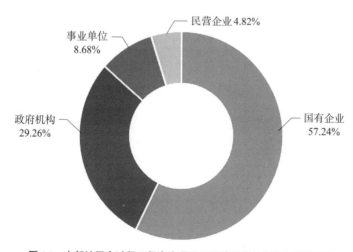

图4-1　中部地区全过程工程咨询项目不同性质发包人发包数量占比

在27个事业单位性质的发包人中，有14个是高校，医院和中小学幼儿园各5个，另有社会组织3个，说明事业单位性质的发包人中，高校占比超过50%，这与近些年伴随我国高等教育事业的发展而开展的新校区建设、老校区改扩建的行业现实相吻合。统计结果如表4-3和图4-2所示。

中部地区全过程工程咨询项目事业单位性质发包人统计　　　　表4-3

发包人性质	高校	中小学幼儿园	医院	社会组织	合计
数量（个）	14	5	5	3	27
占比（%）	52	18.5	18.5	11	100

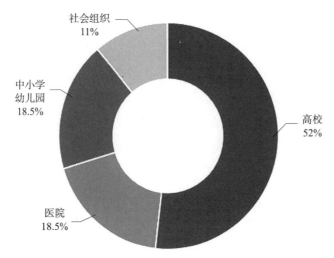

图4-2　中部地区全过程工程咨询项目事业单位性质发包人占比

4.1.2　中标人情况及特征

全过程工程咨询是新兴的工程咨询模式。建筑市场现有工程咨询企业中，能够独立承担全过程工程咨询全部咨询服务的企业尚属少数，根据项目数量和中标人频次，可以计算得到项目平均中标人数量，进而反映全过程工程咨询市场联合投标的情况。通过中标企业数量和项目数量、中标人频次的对比，可以反映当地工程咨询市场的"集中度"。另外，由于全过程工程咨询伴随工程项目建设全过程，项目管理、工程监理等服务存在"施工现场服务"的需求，且需要各专业咨询之间的"融合"以提升咨询服务质量，所以中标人的"本地化属性"值得特别关注。基于可获得的项目交易信息，可以通过本地中标人频次、本地中标人占所有中标人比例、本地中标企业数量、第一中标人本地的项目数量及其占比、中标人含本地企业的项目数量及其占比等数据，探析全过程工程咨询市场的本地化特征。中部地区311个全过程工程咨询项目的中标人情况统计如表4-4所示。据此可分析中部地区全过程工程咨询项目中标人的特征。

中部地区全过程工程咨询项目中标人情况统计　　表4-4

地区	长春	哈尔滨	合肥	南昌	郑州	武汉	长沙	长治	合计数量/平均占比
项目数量（个）	12	34	11	1	1	19	227	6	311
中标人频次（个）	30	79	18	2	1	20	469	12	631
项目平均中标人数量（个）	2.5	2.3	1.6	2.0	1.0	1.1	2.1	2.0	2.03
中标企业数量（个）	16	43	16	2	1	16	141	11	246
本地中标人频次（个）	28	64	11	1	1	9	408	8	530
本地中标人占所有中标人比例（%）	93.33	81.01	61.11	50.00	100.00	45.00	86.99	66.67	83.99
本地中标企业数量（个）	15	31	10	1	1	8	99	7	172
第一中标人本地的项目数量（个）	12	30	7	1	1	10	212	4	277
第一中标人为本地企业的项目占比（%）	100.00	88.24	63.64	100.00	100.00	52.63	93.39	66.67	89.07
中标人含本地企业的项目数量（个）	12	32	9	1	1	10	222	5	292
中标人含本地企业的项目占比（%）	100.00	94.12	81.82	100.00	100.00	52.63	97.80	83.33	93.89

089

1.联合投标特征显著，但联合体企业数量不多

从项目平均中标人数量来看，311个全过程工程咨询项目的中标人共631个，项目平均中标人数量是2.03个。联合体中标项目共223个，占项目总量的71.7%。中标人数量最多的项目有4个，均有5个中标人，这4个项目分别是：长春市绿园区青年路东地块棚户区改造周边配套基础设施建设项目、长春市绿园区西湖北一地块区域市政道路及给水排水管网配套工程（一期）建设项目、哈尔滨综合保税区二期基础设施道路围网工程、哈尔滨市东方大街（发展大道—武威路）工程，均为综合性市政工程，服务项目均包含项目管理和设计，另包含勘察、招标代理、造价管理、监理等不同咨询服务。其他项目中标人数量不一，13个项目的中标人是4个，60个项目的中标人是3个，146个项目的中标人是2个，88个项目的中标人只有1个。从各地区的情况看，郑州和武汉的项目基本只有一个中标人，合肥的项目平均中标人数量是1.6个，其他地区的项目平均中标人数量都在2个多，反映出各地项目全过程工程咨询服务的联合投标特征比较显著，但联合体企业平均数量不多，各地区间的情况也存在比较明显的差别。

2.中标人"本地化"属性明显

从本地企业中标情况来看，中部地区八个城市全过程工程咨询项目本地中标人占全部中标人的比例达到83.99%。从各个地区的情况来看，郑州只有一个项目为本地中标人；南昌、武汉、合肥、长治的本地中标人占比相对较低，为45%～70%；项目数量相对较多的长沙、哈尔滨和长春，本地中标人占比均在80%以上，长沙的项目数量最多，本地中标人占比将近87%，长春的本地中标人占比超过了93%，反映出全过程工程咨询服务的"本地化"特征比较明显，且存在一定的地区差异。

从第一中标人的本地化情况来看，各地区第一中标人的本地化占比除长治持平外，其他均高于本地中标人占比，各地平均有接近90%的项目的第一中标人为本地企业。其中，长春的第一中标人均为本地企业；南昌和郑州的项目数量较少，第一中标人也均为本地企业；长沙的项目数量最多，有93.39%的项目的第一中标人为本地企业；哈尔滨也有88.24%的项目的第一中标人为本地企业；合肥、武汉和长治的项目的第一中标人本地化占比相对较低，约占50%～60%。从中标人含本地企业的项目占比情况看，除武汉只有52.63%外，其他地区的全过程工程咨询项目的中标人含本地企业的占比均超过了80%，长春、南昌和郑州达到100%，哈尔滨和长沙都超过了94%，反映出全过程工程咨询项目中标人显著的本地化属性。图4-3展示了中部地区全过程工程咨询项目中标人的本地化情况。

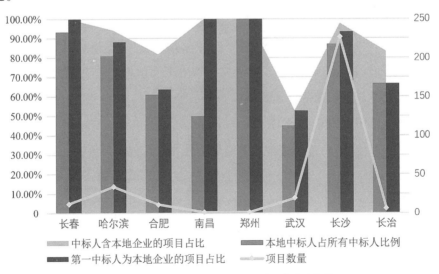

图4-3　中部地区全过程工程咨询项目中标人本地化情况

3.部分地区市场"集中度"较高

根据公式3-1,中部地区典型城市的行业集中率计算结果如表4-5所示。其中,合肥、南昌、郑州、武汉、长治由于项目数量较少,研究市场"集中度"的基础条件不足,故仅以长沙、哈尔滨、长春为代表,探索全过程工程咨询市场中标人的市场分布情况。

中部地区全过程工程咨询项目市场集中率 表4-5

项目所在地	中标人	中标项目频次	是否本地企业	CR4	CR8
长沙	友谊国际工程咨询股份有限公司	44	是	26.7%	39.7%
	湖南和天工程项目管理有限公司	39	是		
	湖南长顺项目管理有限公司	23	是		
	湖南省建筑设计院集团有限公司	19	是		
	中机国际工程设计研究院有限责任公司	19	是		
	湖南大学设计研究院有限公司	14	是		
	湖南湖大建设监理有限公司	14	是		
	中国有色金属长沙勘察设计研究院有限公司	14	是		
	湖南方圆工程咨询监理有限公司	12	是		
	湖南省勘测设计院有限公司	11	是		
	长沙市规划设计院有限责任公司	11	是		
	永信和瑞工程咨询有限公司	9	是		
	中冶长天国际工程有限责任公司	8	是		
	大地仁工程咨询有限公司	7	是		
	湖南省工程建设监理有限公司	7	是		
	中誉杰森项目管理有限公司	7	是		
哈尔滨	哈尔滨市建筑设计院	11	是	35.4%	50.6%
	哈尔滨市市政工程设计院有限公司	7	是		
	哈尔滨工业大学建筑设计研究院	6	是		
	中泰正信工程管理咨询有限公司	4	是		
	东北林业大学工程咨询设计研究院有限公司	4	是		
	诚泰项目管理有限公司	4	是		
	中达同舟工程咨询有限公司	2	是		
	沈阳市市政工程设计研究院有限公司	2	否/辽宁		
	黑龙江省云河建筑工程监理有限责任公司	2	是		
	黑龙江洪亿达工程项目管理有限公司	2	是		

续表

项目 所在地	中标人	中标项 目频次	是否本 地企业	CR4	CR8
哈尔滨	黑龙江东佳工程项目管理有限公司	2	是	35.4%	50.6%
	哈尔滨市勘察测绘研究院	2	是		
长春	吉林省建苑设计集团有限公司	5	是	46.7%	73%
	长春市唯实建设工程项目管理有限公司	3	是		
	吉林省建业建设监理有限公司	3	是		
	吉林省吉元建设项目咨询有限责任公司	3	是		
	吉林省中启项目管理有限公司	2	是		
	哈尔滨工业大学建筑设计研究院	2	否/黑龙江		
	长春市城乡规划设计研究院	2	是		
	吉林省恒基岩土勘测有限责任公司	2	是		

从表4-5可以看到，哈尔滨和长春的CR8均大于40%，属于寡占型。进一步细分，长春的全过程工程咨询市场属于极高寡占型，哈尔滨的全过程工程咨询市场属于低集中寡占型。当然，由于哈尔滨和长春的项目数量整体不多，该结论有一定局限性。长沙的全过程工程咨询项目数量较多，其CR8达到39.7%，属于低集中竞争型市场，但已十分接近寡占型市场。这反映出，长沙的全过程工程咨询市场已经呈现出一部分工程咨询企业占据市场较大份额的趋势。从单个企业中标数量来看，友谊国际工程咨询股份有限公司、湖南和天工程项目管理有限公司、湖南长顺项目管理有限公司承接的全过程工程咨询项目数量较大，已呈现出较突出的全过程工程咨询服务能力。以上地区的全过程工程咨询市场均呈现出一定的市场"集中度"。

从承接项目数量较多的中标人排名来看，哈尔滨和长春各有一个外地区中标人，且该跨地区承接全过程工程咨询项目的工程咨询企业均为东北三省内企业，而长沙承接项目数量较多的中标人，均为当地企业，这也从另一个侧面印证了全过程工程咨询项目中标人具有明显的"本地化"属性。

4.中标人类型呈现"两极分化"

对中部地区全过程工程咨询项目的中标人类型进行统计分析，结果如图4-4所示。中部地区的中标人，呈现出明显的"两极分化"特征，即勘察设计、项目管理、综合性工程咨询及监理类中标人中标频次高，几乎占据了中标人的绝大部

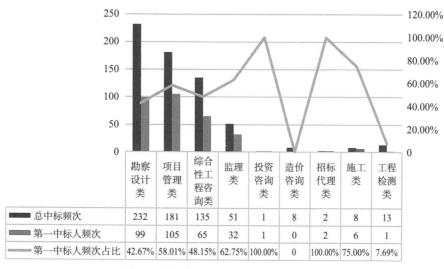

	勘察设计类	项目管理类	综合性工程咨询类	监理类	投资咨询类	造价咨询类	招标代理类	施工类	工程检测类
■ 总中标频次	232	181	135	51	1	8	2	8	13
■ 第一中标人频次	99	105	65	32	1	0	2	6	1
第一中标人频次占比	42.67%	58.01%	48.15%	62.75%	100.00%	0	100.00%	75.00%	7.69%

图4-4　中部地区各类型中标人中标情况统计

分，这四类企业的总中标频次占全部中标频次的94.9%，第一中标人中标频次占比更高达96.8%，这四类企业成为中部地区全过程工程咨询市场的"中坚力量"。中部地区综合性工程咨询企业在全过程工程咨询市场中占有一定比重，且其数量呈现出一定的上升趋势，同样反映出工程领域"大咨询"的转型发展趋势。相比而言，投资咨询、造价咨询、招标代理等工程咨询企业的市场占比相当有限，第一中标人占比则极其有限。可见，在全过程工程咨询市场中，服务类型比较单一的工程咨询企业的生存空间较为有限，综合性咨询服务企业则表现出明显优势。

从第一中标人频次占比来看，中部地区投资咨询和招标代理类企业第一中标人频次占比均为100%，但因中标频次较小，数据的统计价值有限。勘察设计、项目管理、综合性工程咨询、监理等四类企业，第一中标人频次占比大致为40%~60%，差异不明显。值得注意的是，施工类企业中标的8个项目，有6个项目是第一中标人，即牵头人，体现出施工企业正在跻身全过程工程咨询市场，而且享有一定优势。

4.2　建设类型与项目类型

4.2.1　建设类型

中部地区311个全过程工程咨询项目中，新建项目有261个，占83.92%，改扩建项目46个，占14.79%，另有3个迁建项目和1个装饰装修项目。统计结果如表4-6和图4-5所示。可见，全过程工程咨询已涵盖新建、改扩建和迁建项目，并辐射到装饰装修项目。新建项目在全过程工程咨询项目中占比相当大，装饰装修项目采用全过程工程咨询的比例明显较低。

中部地区全过程工程咨询项目建设类型数量与占比　　　　　表4-6

建设类型	新建	改扩建	迁建	装饰装修	合计
数量（个）	261	46	3	1	311
占比（%）	83.92	14.79	0.97	0.32	100.00

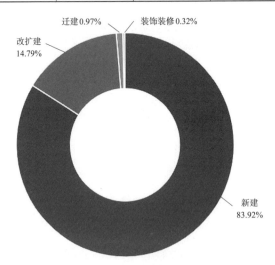

图4-5　中部地区全过程工程咨询项目建设类型占比

4.2.2 项目类型

中部地区311个全过程工程咨询项目中，房建项目有186个，占59.8%，市政项目有125个，占40.2%。各类项目数量如表4-7所示。

房建项目包括住宅、产业园、办公用房、中小学幼儿园、高校、老旧小区改

中部地区全过程工程咨询项目类型　　　　　表4-7

房建	住宅	产业园	办公用房	中小学幼儿园	高校	老旧小区改造	保障性住房	医院	大型公建	片区改造	/	合计
	45	34	27	22	14	14	12	11	6	1	/	186
市政	道路	给水排水	公园	消防站	停车场	交通枢纽	环境治理	能源供热	铁路专线	地下空间	桥	合计
	65	31	6	5	4	3	4	2	2	2	1	125

造、保障性住房、医院、大型公建、片区改造等，其中住宅项目数量最多，产业园、办公用房、中小学幼儿园、高校、老旧小区改造、保障性住房、医院也都有一定数量的项目，可以反映出目前建设量比较大的房建项目的类型，除了住宅、文体、办公用房传统房建项目外，产业园、老旧小区改造等新兴项目已占有一定比例，值得关注。中部地区房建项目类型如图4-6所示。

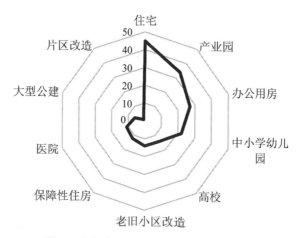

图4-6　中部地区全过程工程咨询房建项目类型

市政项目包括道路、给水排水、公园、消防站、停车场、交通枢纽、环境治理、能源供热、铁路专线、地下空间、桥等，其中道路和给水排水项目数量较多，道路项目有65个，给水排水项目有31个，分别占市政项目的51.6%和24.8%，两者合计占市政项目的76.4%，其他公园、消防站、交通枢纽等项目明显比较分散，数量都不大。中部地区市政项目类型如图4-7所示。

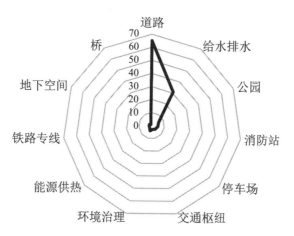

图4-7　中部地区全过程工程咨询市政项目类型

从以上统计数据可以看到，中部地区实施全过程工程咨询的项目类型比较广泛。在国家及行业政策的引导下，伴随近几年全过程工程咨询的不断发展和完善，相信全过程工程咨询将成为工程项目咨询领域的重要咨询服务模式。

4.3 咨询服务内容与模式

4.3.1 咨询服务内容

中部地区全过程工程咨询项目服务内容频次统计及占比情况如表4-8和图4-8所示，其中，占比情况是指该项服务内容中标频次占中部地区311个全过程工程咨询项目的比例。

中部地区全过程工程咨询服务内容频次及占比　　　　　　表4-8

服务内容	勘察	设计	项目管理	监理	造价	招标代理	项目前期咨询	BIM咨询	建筑节能与绿色建筑咨询	工程检测服务
频次（个）	138	154	110	268	254	28	74	19	14	21
占比（%）	46.0	51.3	36.7	89.3	84.7	9.3	24.7	6.3	4.7	7.0

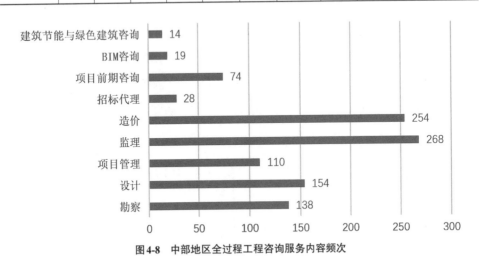

图4-8　中部地区全过程工程咨询服务内容频次

全过程工程咨询服务内容呈现出"三段式"分布特征。第一层次是监理和造价服务，出现频次最高，有84.7%的全过程工程咨询项目的服务内容都含有造价，有89.3%的项目的服务内容都包含监理，这两项服务内容的占比是最高的。第二层次是设计、勘察和项目管理，约有50%的项目的服务内容含勘察和设计；项目管理的占比达到36.7%，反映出全过程工程咨询市场对项目管理服务的带动作用已比较明显。可以看到，勘察、设计、监理、造价四项工程咨询"硬需求"表现强劲，项目管理服务在全过程工程咨询的带动下表现出旺盛的"成长性"。第三层次是项目前期咨询、招标代理、BIM咨询、建筑节能与绿色建筑咨询、工程检测等咨询服务，占比明显低于前两个层次的服务内容。其中，项目前期咨询包含可行性研究、环境影响咨询、工程测量、水土保持咨询、专项咨询、报批报建等多项咨询内容，服务内容出现频次最高的是可行性研究，也只有15次。这些服务内容就属于全过程工程咨询中的"弱需求"，虽有一定市场，但没有形成规模。

值得注意的是，图4-4中中部地区中标人类型的统计结果显示，监理类企业和造价咨询类企业的中标频次分别只有51次和8次，与服务内容的268和254频次有着相当大的差距。究其原因，项目管理类、综合性工程咨询类及勘察设计类企业均有一定的监理、造价服务能力，在全过程工程咨询模式下，体现出"大咨询"的优势，而专业服务企业的生存空间在一定程度上被挤占。

4.3.2 咨询服务模式

中部地区全过程工程咨询项目的服务内容中，勘察、设计、项目管理、监理、造价是主要的咨询服务内容，招标代理、BIM咨询、建筑节能与绿色建筑咨询，以及可行性研究、专项评估等服务内容频次均有限。首先，统计勘察、设计、项目管理、监理、造价五项服务内容的组合模式，探究中部地区全过程工程咨询服务模式的特征。由于组合模式离散性较大，这里仅给出出现频次大于10的组合模式，如图4-9所示。

图4-9中的全过程工程咨询服务组合模式表现出明显的"两极分化"。"监理+造价""勘察+设计+监理+造价""项目管理+监理+造价"出现频次较高，是中部地区的优势性组合模式，但各模式在中部地区全过程工程咨询项目中的占比均不高，反映出中部地区全过程工程咨询服务模式较为离散，这三种模式仅是相对而言显现出一定的优势。"勘察+设计+项目管理+监理+造价""勘察+设计""设计+监理+造价""勘察+监理+造价"等服务模式出现频次均大于10次，但大幅低于前三种模式，不具有代表性和说服力。

纵观各模式，"监理+造价"的组合模式出现频次较高，单独出现74次，共

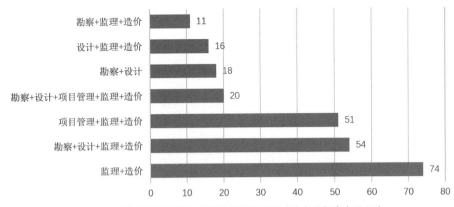

图4-9 中部地区全过程工程咨询服务组合模式（出现频次大于10）

计出现233次，占中部地区311个全过程工程咨询项目的74.9%，体现出监理和造价在全过程工程咨询中的"硬需求"特征；包含勘察和设计的全过程工程咨询项目分别有138个和149个，而"勘察+设计"的组合模式共出现117次，反映出勘察和设计十分强烈的关联关系。值得注意的是，在包含设计服务的149个项目中，勘察设计企业作为第一中标人（视为牵头人）的频次有99次，占66.4%，勘察设计企业作为全过程工程咨询牵头人显现出一定的优势地位。在同时包含设计和项目管理服务的43个项目中，有27个项目是勘察设计类企业牵头，有16个项目是综合类工程咨询企业或项目类企业牵头，相较之下，勘察设计类企业也表现出作为全过程工程咨询牵头人的优势地位。

可行性研究是项目前期咨询的重要内容。中部地区311个全过程工程咨询项目中，仅有15个项目包含可行性研究咨询内容。其中，有14个项目包含勘察和设计，有3个项目包含项目管理，有11个项目包含监理，有9个项目包含造价，有6个项目包含绿色建筑与建筑节能咨询，初步显现出可行性研究与勘察、设计及绿色建筑与建筑节能咨询的较强关联性，与其他专业关联性均不明显。28个包含招标代理咨询服务的项目中，17个项目包含勘察，21个项目包含设计，22个项目包含项目管理，17个项目包含监理，27个项目包含造价，招标代理与项目管理和造价的关联性较明显。19个项目含有BIM咨询，同时包含监理服务，18个项目包含造价服务，包含勘察和设计的分别有13个和12个，显示出BIM咨询与监理和造价的强关联性，与勘察和设计的关联性也较强，而与项目管理的关联性较弱。15个项目包含绿色建筑与建筑节能咨询，其中，有13个项目同时包含勘察和设计，有14个项目同时包含监理，有11个项目同时包含造价。绿色建筑与建筑节能咨询与勘察、设计、监理、造价的关联性均比较强。

4.4 小结与评述

以长春、哈尔滨、合肥、南昌、郑州、武汉、长沙、长治为代表城市的中部地区八省已形成一定规模的全过程工程咨询市场，对2020年7月至2022年6月各地的全过程工程咨询交易信息进行统计分析，可以探知当前全过程工程咨询市场的发展情况及特征，主要表现如下：

第一，中部地区全过程工程咨询的发展不均衡。中部地区311个全过程工程咨询项目，长沙市占了227个。究其缘由，大概是湖南省积极的推进政策为全过程工程咨询市场的发展提供了基本指引和坚实支撑。2020年6月发布的《湖南省住房和城乡建设厅关于推进全过程工程咨询发展的实施意见》(以下简称《实施意见》)，指出："2020年，政府投资、国有资金投资新建项目全面推广全过程工程咨询；2021年，政府投资、国有资金投资新建项目全面采用全过程工程咨询，社会投资新建项目逐步采用全过程工程咨询；2025年，新建项目采用全过程工程咨询的比例达到70%以上，全过程工程咨询成为前期工作的主流模式，培育一批具有国际竞争力的工程咨询企业，培养与全过程工程咨询发展相适应的综合型、复合型人才队伍。"湖南省的《实施意见》对全过程工程咨询的开展提出了具体的工作目标，从建筑市场的实践来看，对《实施意见》中关于全过程工程咨询的实施进程作出积极的响应，这也是长沙市全过程工程咨询项目数量遥遥领先于其他中部地区城市的主要政策基础。

第二，中部地区的全过程工程咨询市场已呈现出一定的特征。中部地区311个全过程工程咨询项目，有95%以上为"国有"性质发包人，政府投资项目在全过程工程咨询项目中占据主导地位。从建设类型看，全过程工程咨询已涵盖新建、改扩建和迁建项目，并辐射到装饰装修项目。从项目类型看，房建项目大概占60%，市政项目约占40%，其中，房建项目以住宅、产业园、办公用房、中小学幼儿园为主，市政项目以道路和给水排水为主。中标人的情况呈现出一些明显特征，如：联合投标特征显著，但联合体企业数量不多，平均中标人数量约为2个；本地中标人占全部中标人的比例达到83.99%，第一中标人的本地化占比接近90%，中标人"本地化"属性明显；部分地区中标人"集中度"较高，长春的全过程工程咨询市场属于极高寡占型，哈尔滨的全过程工程咨询市场属于低集中寡占型，长沙的全过程工程咨询市场属于低集中竞争型，但已十分接近寡占型；中标人类型呈现"两极分化"，勘察设计、项目管理、综合性工程咨询及监理类中标频次占全部中标频次的94.9%，几乎占据了中标人的绝大部分，第一中标人中标频次占比更高达96.8%，这四类企业成为中部地区全过程工程咨询市场的"中坚力量"，而投资咨询、造价咨询、招标代理等工程咨询企业的市场占比相当有限，第一中标人占比则极其有限。全过程工程咨询服务内容同样呈现出"两极分化"的特征，勘察、设计、监理、造价及项目管理频次较高，"硬需求"表现强劲，项目管理服务在全过程工程咨询的带动下表现出旺盛的"成长性"，项目前期咨询、招标代理、BIM咨询、建筑节能与绿色建筑咨询、工程检测服务等占比则较低。全过程工程咨询服务组合模式表现出明显"离散性"，即尚未表现出较为突出的优势性组合模式。

第 5 章　西部地区全过程工程
咨询市场研究

西部地区包括内蒙古、陕西、宁夏、甘肃、四川、重庆、贵州、云南、广西、青海、新疆、西藏12个省（市、自治区），分别选取呼和浩特、西安、银川、兰州、成都、重庆、毕节、昆明、南宁、西宁、昌吉州、拉萨为各地的代表城市。其中，贵州省贵阳市和新疆乌鲁木齐市的公共资源交易平台未查询到全过程工程咨询相关交易信息，故根据其他城市规模及交易数据情况，分别选取毕节市和昌吉州为贵州省和新疆的代表城市。通过各地公共资源交易平台等官方渠道，收集当地全过程工程咨询交易信息并归类梳理，项目招标信息来源于招标公告或招标文件，中标相关信息来源于中标公告，信息收集的时间节点为2020年7月1日至2022年6月30日。

经统计，西部地区共有90个全过程工程咨询项目，各代表城市全过程工程咨询项目数量如表5-1所示。西部地区各代表城市全过程工程咨询项目数量都不多。成都的项目最多，也仅有22个。兰州仅有1个全过程工程咨询项目——兰州蓝天浮法玻璃股份有限公司棚户区改造项目，该项目总投资16.8亿元，中标金额为2580万元，包含投资决策咨询、规划咨询、可行性研究、勘察服务、设计服务、监理服务和工程项目管理服务。该项目是西部地区投资额和中标金额最高的项目，包含的咨询服务内容也比较全面。

西部地区各代表城市全过程工程咨询项目数量　　　　　　　　　　表5-1

地区	呼和浩特	西安	银川	兰州	成都	重庆	毕节	昆明	南宁	西宁	昌吉州	拉萨	合计
项目数量（个）	6	12	3	1	22	4	6	10	18	2	3	3	90

下面，将根据全过程工程咨询项目的基本信息，统计并识别发包人和中标人的特征，分析项目类型及资金来源，剖析全过程工程咨询的实施模式，以及中部地区全过程工程咨询项目中标人的特征。

5.1 发包人与中标人情况

5.1.1 发包人情况

西部地区共90个全过程工程咨询项目，将发包人按照性质划分为政府机构、事业单位、国有企业、民营企业，统计结果如表5-2和图5-1所示。西部地区全过程工程咨询项目的发包人全部为"国有"性质的单位，无民营企业。其中，国有企业的全过程工程咨询项目占比最高，接近50%，政府机构占31%，其他为事业单位投资。

西部地区全过程工程咨询项目发包人性质数量与占比　　　表5-2

发包人性质	政府机构	事业单位	国有企业	民营企业	合计
数量（个）	28	18	44	0	90
占比（%）	31.11	20.00	48.89	0.00	100.00

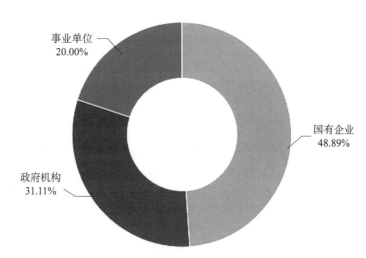

图5-1　西部地区全过程工程咨询项目不同性质发包人发包数量占比

在18个事业单位性质的发包人中，高校有11个，医院有5个，社会组织和消防站各1个。统计结果如表5-3和图5-2所示。

西部地区全过程工程咨询项目事业单位性质发包人统计　　　　表5-3

发包人性质	高校	医院	社会组织	消防站	合计
数量（个）	11	5	1	1	18
占比（%）	61	28	5.5	5.5	100

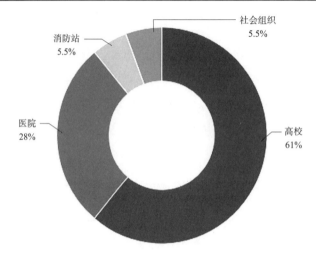

图5-2　西部地区全过程工程咨询项目事业单位性质发包人占比

5.1.2 中标人情况及特征

基于东部地区和中部地区的研究，从联合中标情况、中标人"本地化"属性、市场集中度等几个方面对西部地区中标人情况进行分析。西部地区90个全过程工程咨询项目的中标人情况统计如表5-4所示。据此可分析东部地区全过程工程咨询项目中标人的特征。

1.整体上独立中标特征显著，部分地区联合中标特征显著

从项目平均中标人数量来看，西部地区90个全过程工程咨询项目的中标人共137个，项目平均中标人数量是1.52个。西部地区90个全过程工程咨询项目中，61个项目均为独立中标，占67.8%。呼和浩特、西安、兰州、西宁、昌吉州的24个项目，全部为独立中标；银川、毕节、昆明、南宁、拉萨有少量项目是联合中标；仅有成都和重庆的联合中标特征比较显著，项目平均中标人数量分别为2.59和2。西部地区中标人数量最多的项目有3个，均有4个中标人，其中2个项目位于成都，1个项目位于重庆。成都的项目是青白江万达人行天桥项目和青白江区老工业基地搬迁（暨智慧产业城规划区物流通道）建设项目，服务内容均为勘察、设计、监理和造价；重庆的项目是龙门浩老街拓展区项目，服务内

西部地区全过程工程咨询项目中标人情况

表 5-4

地区	呼和浩特	西安	银川	兰州	成都	重庆	毕节	昆明	南宁	西宁	昌吉州	拉萨	合计数量/平均占比
项目数量（个）	6	12	3	1	22	4	6	10	18	2	3	3	90
中标人频次（个）	6	12	4	1	57	8	7	13	19	2	3	5	137
项目平均中标人数量（个）	1.00	1.00	1.33	1.00	2.59	2.00	1.17	1.30	1.06	1.00	1.00	1.67	1.52
中标企业数量（个）	4	10	4	1	37	7	7	9	8	2	2	4	95
本地中标人频次（个）	2	9	3	1	49	7	4	13	17	0	1	3	109
本地中标人占所有中标人比例（%）	33.33	75.00	75.00	100.00	85.96	87.50	57.14	100.00	89.47	0	33.33	60.00	79.56
本地中标企业数量（个）	1	8	3	1	29	6	4	9	6	0	1	2	70
第一中标人为本地的项目数量（个）	2	9	2	1	20	4	3	10	16	0	1	2	70
第一中标人为本地企业的项目占比（%）	33.33	75.0	66.67	100.00	90.91	100.00	50.00	100.00	88.89	0	33.33	66.67	77.78
中标人含本地企业的项目数量（个）	2	9	2	1	21	4	3	10	17	0	1	2	72
中标人含本地企业的项目占比（%）	33.33	75.00	66.67	100.00	95.45	100.00	50.00	100.00	94.44	0	33.33	66.67	80

容为勘察、设计、监理、造价、项目管理和招标代理。可见，西部地区全过程工程咨询项目整体上呈现较为显著的独立中标特征，仅有部分地区呈现比较显著的联合中标特征。同时也反映出，西部地区全过程工程咨询市场的发展不均衡。

2.中标人"本地化"属性差异大

西部地区各代表城市的中标人"本地化"属性差异较大。兰州和昆明的11个项目共有14个中标人，均为本地企业，表现为"完全本地化"；成都、重庆和南宁的44个项目共有84个中标人，其中有超过85%的企业都为本地企业，表现出比较显著的"本地化"属性；西安和银川有75%的中标人为本地企业，拉萨有60%的中标人为本地企业，也呈现出一定的"本地化"属性；呼和浩特和昌吉州均有三分之一的中标人为本地企业，西宁的中标人则全部为外地企业。

第一中标人的本地化情况同样呈现出较大的地区差异。兰州、重庆、昆明的15个项目，第一中标人均为本地企业；成都和南宁约有90%的项目的第一中标人为本地企业；西安有四分之三的项目第一中标人为本地企业，银川和拉萨有三分之二的中标人为本地企业；呼和浩特和昌吉州均只有三分之一的第一中标人为本地企业。图5-3展示了西部地区全过程工程咨询项目中标人的本地化情况。

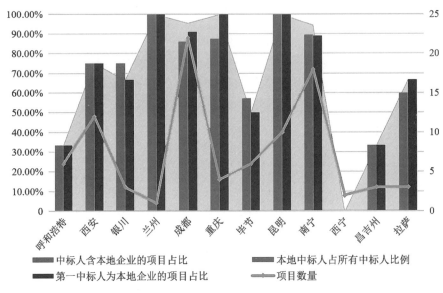

图5-3　西部地区全过程工程咨询项目中标人本地化情况

3.部分地区中标人"集中度"较高

根据公式3-1，西部地区典型城市的行业集中率计算结果如表5-5所示。呼和浩特、西安、银川、兰州、重庆、毕节、昆明、西宁、昌吉州、拉萨由于项目数量较少，研究市场"集中度"的基础条件不足，故仅以成都、南宁为代表，探索西部地区全过程工程咨询市场中标人的市场分布情况。由于成都和南宁分别只有22个项目和18个项目，关于市场集中度的定量计算仅能作为了解西部地区全过程工程咨询市场分布的参考。

西部地区全过程工程咨询市场集中率　　　　　　　　表5-5

项目所在地	中标人	中标项目频次	是否本地企业	CR4	CR8
成都	四川西南工程项目管理咨询有限责任公司	6	是	31.58%	47.37%
	中国建筑西南设计研究院有限公司	6	是		
	四川良友建设咨询有限公司	3	是		
	中国建筑西南勘察设计研究院有限公司	3	是		
	四川省川建勘察设计院有限公司	3	是		
	四川省川建院工程项目管理有限公司	2	是		
	四川元丰建设项目管理有限公司	2	是		
	中天新合建设咨询有限公司	2	是		
	四川通和工程项目管理咨询有限公司	2	是		
南宁	广西中信恒泰工程顾问有限公司	8	是	78.95%	100%
	广西城建咨询有限公司	5	是		
	广西翔正项目管理有限公司	1	是		
	广西桂工建设管理咨询有限公司	1	是		
	天和国咨控股集团有限公司	1	否/福建		
	重庆联盛建设项目管理有限公司	1	否/重庆		
	广西德元工程项目管理有限责任公司	1	是		
	云之龙咨询集团有限公司	1	是		

从表5-5可以看到，成都和南宁的CR8均高于40%，都属于寡占型市场。进一步细分，成都属于低集中寡占型市场，南宁则属于高集中寡占型市场。成都的全过程工程咨询市场表现出一定的竞争性，37个企业共有57频次的中标，中标频次最高的是四川西南工程项目管理咨询有限责任公司和中国建筑西南设计研究院有限公司，都有6次中标，二者合计占总中标频次的21%。成都的全过程工程咨询市场已初步形成一定的市场规模，项目管理、设计等工程咨询公司较广泛地参与。南宁的全过程工程咨询市场表现为"寡头"市场特征，中标频次最高的是

广西中信恒泰工程顾问有限公司，中标8个项目，独占南宁全过程工程咨询市场的42.1%；其次是广西城建咨询有限公司，中标5个项目，占南宁全过程工程咨询市场的26.3%，二者合计占有南宁全过程工程咨询市场68.4%的份额，形成了典型的寡占型市场。

从表5-5中承接项目数量较多的中标人排名来看，成都和南宁的高频次中标人均为本地企业，印证了全过程工程咨询项目中标人具有明显的"本地化"属性，且有本地中标优势。

4.中标人类型简单，呈现"两极分化"，项目管理牵头优势明显

对西部地区全过程工程咨询项目的中标人类型进行统计分析，结果如图5-4所示。西部地区的中标人类型比较简单，可归纳为勘察设计、项目管理、综合性工程咨询、监理、投资咨询和造价咨询六类。西部地区的中标人呈现出明显的"两极分化"分布特征，即勘察设计、项目管理、综合性工程咨询中标人中标频次高，这三类企业的总中标频次占全部中标频次的90.5%，第一中标人中标频次占比达92.2%，这三类企业在西部地区全过程工程咨询市场中优势明显。相比而言，监理、投资咨询、造价咨询三类工程咨询企业的市场占比比较有限，第一中标人占比更为有限。

从第一中标人中标频次占比来看，项目管理和综合性工程咨询类企业都达到80%以上，而勘察设计类企业仅有35.9%，项目管理类企业在牵头全过程工程咨询服务方面表现出比较明显的优势。

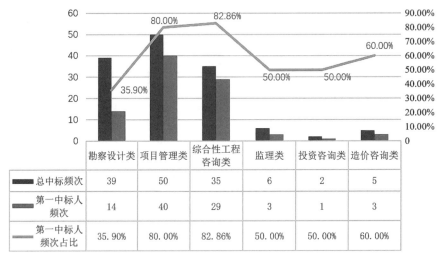

	勘察设计类	项目管理类	综合性工程咨询类	监理类	投资咨询类	造价咨询类
总中标频次	39	50	35	6	2	5
第一中标人频次	14	40	29	3	1	3
第一中标人频次占比	35.90%	80.00%	82.86%	50.00%	50.00%	60.00%

图5-4　西部地区各类型中标人中标频次

5.2 建设类型与项目类型

5.2.1 建设类型

西部地区90个全过程工程咨询项目中，新建项目有69个，占76.67%，改扩建项目19个，占21.11%，另有2个迁建项目，新建项目在全过程工程咨询项目中占比最大，改扩建项目也有一定市场份额。统计结果如表5-6和图5-5所示。

西部地区全过程工程咨询项目建设类型数量与占比   表5-6

建设类型	新建	改扩建	迁建	合计
数量（个）	69	19	2	90
占比（%）	76.67	21.11	2.22	100

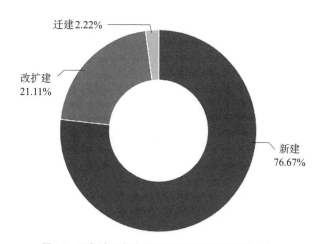

图5-5 西部地区全过程工程咨询项目建设类型占比

5.2.2 项目类型

西部地区90个全过程工程咨询项目中，房建项目有56个，占62.22%，市政项目有34个，占37.78%。各类项目数量统计如表5-7所示。

房建项目包括住宅、产业园、办公用房、中小学幼儿园、高校、老旧小区改造、保障性住房、医院、大型公建、片区改造等，其中办公用房和医院项目数量最多，其次是高校、产业园、保障性住房和老旧小区改造项目，片区改造、大型公建、中小学幼儿园等项目数量较少。西部地区房建项目类型如图5-6所示。

西部地区全过程工程咨询项目类型及数量　　　　　　表5-7

房建	住宅	产业园	办公用房	中小学幼儿园	高校	老旧小区改造	保障性住房	医院	大型公建	片区改造	合计
	2	7	9	3	8	5	6	9	3	4	56
市政	道路	给水排水	公园	消防站	交通枢纽	环境治理	村镇综合	电力管沟	桥	/	合计
	13	8	1	1	1	4	3	2	1	/	34

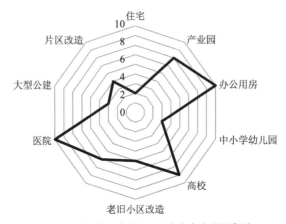

图5-6　西部地区全过程工程咨询房建项目类型

市政项目包括道路、给水排水、公园、消防站、交通枢纽、环境治理、村镇综合、电力管沟、桥等，其中道路和给水排水项目数量较多，道路项目有13个，给水排水项目有8个，分别占市政项目的38.2%和23.5%，两者合计占市政项目的61.8%，环境治理项目有4个，其他公园、消防站、交通枢纽等项目明显比较分散，数量都不大。西部地区市政项目类型如图5-7所示。

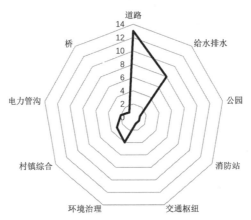

图5-7　西部地区全过程工程咨询市政项目类型

5.3 咨询服务内容与模式

5.3.1 咨询服务内容

西部地区全过程工程咨询项目服务内容频次统计及占比情况如表5-8和图5-8所示，其中，占比情况是指该项服务内容中标频次占西部地区90个全过程工程咨询项目的比例。

西部地区全过程工程咨询服务内容频次及占比 表5-8

服务内容	勘察	设计	项目管理	监理	造价	招标代理	项目前期咨询	BIM咨询	建筑节能与绿色建筑咨询
频次（个）	28	30	60	72	74	23	22	16	4
占比（%）	31.11	33.33	66.67	80.00	82.22	25.56	24.44	17.78	4.44

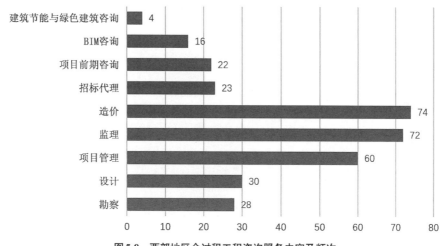

图5-8 西部地区全过程工程咨询服务内容及频次

全过程工程咨询服务内容同样呈现出"两极分化"的特征，造价、监理、项目管理频次较高，有82.22%的全过程工程咨询项目服务内容都含有造价，有80%的项目服务内容包含监理，有58.89%的项目服务内容含项目管理，这三项服务内容的占比是最高的；勘察、设计、招标代理、项目前期咨询、BIM咨询、建筑节能与绿色建筑咨询等，占比均低于三分之一。在西部地区，全过程工程咨询市场对项目管理服务的带动作用比较明显。

与其他地区一致，西部地区监理类企业和造价咨询类企业的中标频次分别只有3次，与服务内容的72和74频次有着相当大的差距，同样体现出"大咨询"的优势。

5.3.2 咨询服务模式

西部地区全过程工程咨询项目的服务内容中，造价、监理、项目管理是最主要的咨询服务内容，勘察、设计、招标代理、BIM咨询、项目前期咨询等服务内容出现频次大约占项目总数的三分之一，统计勘察、设计、项目管理、监理、造价、招标代理、BIM咨询、项目前期咨询等服务内容的组合模式，探究西部地区全过程工程咨询服务模式的特征。由于组合模式离散性较大，这里仅给出出现频次大于3的组合模式，如图5-9所示。

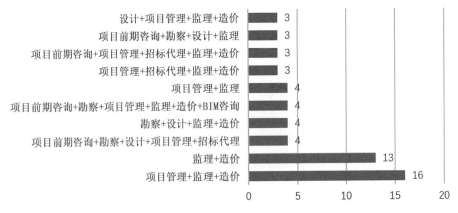

图5-9　西部地区全过程工程咨询服务组合模式（出现频次大于3）

图5-9所示的西部地区全过程工程咨询服务组合模式中，"监理+造价"同时出现的频次最高，共计62次，占90个项目的68.9%，这同样源于监理和造价在全过程工程咨询项目中的"硬需求"特征；"项目管理+监理+造价"的组合模式共出现16次，若叠加其他组合模式中包含"项目管理+监理+造价"的，共计41次，占西部地区全部项目的45.6%，反映出西部地区全过程工程咨询市场中"项目管理"的优势地位。西部地区其他咨询服务组合模式未呈现出明显特征。

5.4 小结与评述

以呼和浩特、西安、银川、兰州、成都、重庆、毕节、昆明、南宁、西宁、昌吉州、拉萨为代表城市的西部地区全过程工程咨询市场发展相对迟缓，2020年7月至2022年6月仅查询到90个全过程工程咨询项目的交易信息，市场发展情况及特征主要表现如下：

首先，西部地区全过程工程咨询的发展迟缓且不均衡。成都是西部地区各代表城市中全过程工程咨询项目数量最多的，也仅有22个。无论是项目总量还是单个城市的项目数量，都反映出西部地区全过程工程咨询市场规模较小，发展较为迟缓，且各地区之间发展不均衡。

其次，西部地区的全过程工程咨询市场初步呈现出一定的特征。西部地区90个全过程工程咨询项目，全部为"国有"性质发包人，政府投资项目在全过程工程咨询项目中占据绝对主导地位。从建设类型看，新建项目在全过程工程咨询项目中占比最大，同时已应用于改扩建和迁建项目。从项目类型看，房建项目大概占62%，市政项目约占38%，其中，房建项目以住宅、产业园、办公用房、中小学幼儿园为主，市政项目以道路和给水排水为主。房建项目中办公用房和医院项目数量最多，其次是高校、产业园、保障性住房和老旧小区改造项目，片区改造、大型公建、中小学幼儿园等项目数量较少。市政项目中道路和给水排水项目数量较多，其他项目明显比较分散，数量都不大。

中标人的情况初步呈现出一些特征。西部地区67.8%的项目为独立中标，独立中标特征显著，呼和浩特、西安、兰州、西宁、昌吉州的24个项目，全部为独立中标，银川、毕节、昆明、南宁、拉萨有少量项目是联合中标，仅有成都和重庆的联合中标特征比较显著。中标人"本地化"属性差异大，兰州和昆明表现为"完全本地化"，成都、重庆和南宁表现出比较显著的"本地化"，西安、银川和拉萨呈现出一定的"本地化"，呼和浩特、昌吉州和西宁的中标人"本地化"属性则比较弱。西部地区项目数量相对较多的成都和南宁均属于寡占型市场，中标人"集中度"较高。中标人类型简单，呈现"两极分化"，项目管理牵头优势明显。咨询服务内容呈现出"两极分化"的特征，造价、监理、项目管理频次较高，勘察、设计、招标代理、前期咨询、BIM咨询、建筑节能与绿色建筑咨询等占比均比较低。西部地区全过程工程咨询市场对项目管理服务的带动作用比较明显。在服务模式方面，"项目管理"也表现出明显的优势地位。

最后，西部地区全过程工程咨询市场发展虽相对迟缓，但仍可以发现一部分市场服务主体正在积极转型，业务体系完整、服务链条清晰的综合性"大咨询"企业崭露头角，人才聚集、资质齐全、全过程工程咨询业绩突出。西部某市场份额较多的咨询企业，服务周期涵盖了工程项目从项目决策阶段、实施阶段至项目运营阶段的项目全生命周期的各个环节，服务内容共涉及决策、管理、技术、政策、信息、法律等六大板块，涉及工程咨询（前期咨询总承包）、产业政策研究、投融资咨询、全过程工程咨询、PPP咨询、工程设计、招标代理、造价咨询、工程监理、EPC工程总承包、BIM技术咨询等全专业，能够满足全过程工程咨询提出的全过程、全专业、一体化服务需求。统计时段内该企业中标的全过程工程咨询项目，全部为独立中标，服务内容涵盖项目前期咨询、设计、项目管理、招标代理、监理、造价和BIM咨询，彰显了全过程、全专业、一体化的服务模式和服务能力。

第6章　全过程工程咨询市场总体态势及发展展望

6.1 全过程工程咨询市场总体态势

6.1.1 东、中、西部地区市场发展比较

纵观全国全过程工程咨询市场，呈现出由东向西递弱的发展态势。东部地区市场规模最大，474个项目采用了全过程工程咨询；中部地区也有较大的市场规模，311个项目采用了全过程工程咨询；西部地区全过程工程咨询的发展则较为迟缓，仅有90个全过程工程咨询项目。同时，各地区的发展均呈现出明显的"不均衡"，即各地区的代表城市之间在全过程工程咨询项目数量上有比较大的差异。从全国范围来看，长沙、南京、青岛三个城市的全过程工程咨询项目数量过百，长沙有227个全过程工程咨询项目，居全国之首；杭州和广州分别有97个项目和54个项目，是项目数量较多的地区；其他地区项目数量均不足50个，其中大量地区的项目数量仅为个位数。这反映出全过程工程咨询市场的发展十分不均衡，长沙、南京、青岛、杭州、广州、哈尔滨、福州、成都等城市正在积极推进全过程工程咨询落地，其他代表城市的全过程工程咨询仍处于萌芽期，尚未形成具有一定规模的全过程工程咨询市场。

6.1.2 市场主体基本情况及特征

1.发包人情况

东、中、西部地区统计的全过程工程咨询项目共875个，"国有"性质的发包人共845个，占全部项目的96.57%，充分体现了政府投资项目在全过程工程咨询市场中的主导地位。从各个地区来看，东部地区"国有"性质发包人占96.84%，中部地区"国有"性质发包人占95.18%，两地区政府投资的全过程工程咨询项目占比基本持平，而西部地区的全过程工程咨询项目则全部为政府投资项目。从各地区发包人性质可以看出，政府投资项目是推行全过程工程咨询的重要核心力量，同时也反映出各地推动全过程工程咨询的政策对市场产生的重要影响。

2.中标人情况及特征

工程咨询企业是全过程工程咨询市场的服务主体，对各地全过程工程咨询项目的中标人特征进行分析，可以直观地反映市场发展状况。经统计分析，东、中、西部地区全过程工程咨询项目中标人均呈现出一定特征，各地区之间既有相同特征，也存在明显差异，可以从联合体中标、中标人"本地化"属性、市场集中度、中标人类型、牵头优势等方面进行对比分析。

（1）联合体中标特征明显，但地区差异较大

东、中、西部地区均呈现出一定的联合体中标特征，且均呈现出较大的地区差异。东部地区联合体中标项目占项目总量的59.1%，中部地区联合体中标项目占项目总量的71.7%，西部地区联合体中标项目占项目总量的32.2%。总体来看，联合体中标特征比较明显，东部和中部均有大部分项目为联合体中标，且两地区项目数量较多，联合体中标特征显著，西部地区则表现为明显的独立中标特征。各地区之间联合体中标项目占比也存在较大差异，中部地区最高，西部地区最低。目前，全过程工程咨询的发展尚处初期，以联合体的形式承接全过程工程咨询项目是市场基础决定的，也是由专业咨询向全过程、全专业、一体化咨询转变的阶段性应然之选。

（2）中标人"本地化"属性突出

整体而言，全过程工程咨询项目的"本地化"属性比较突出，东部地区90%以上的中标人为本地企业，中部地区80%以上的中标人为本地企业，西部地区也有接近80%的中标人为本地企业，但西部地区中标人呈现出较大的"本地化"属性差异，即部分城市中标人本地化属性明显，而有些地区甚至全部中标人都为外地企业。第一中标人同样呈现出明显的"本地化"属性，且第一中标人的本地企业占比更高。北京、福州、沈阳、长春、南昌、郑州、兰州、重庆、昆明9个城市64个全过程工程咨询项目的第一中标人全部为本地企业；青岛、南京、杭州、长沙、成都5个城市的623个项目，都有超过90%的项目的第一中标人为本地企业。以上共计687个项目，占全部项目数量的81.3%，反映出全过程工程咨询项目第一中标人本地化属性特征十分突出。

（3）"寡占型"市场与"竞争型"市场并存

市场集中度能够反映市场的竞争程度，是衡量市场发展成熟程度的重要指标。由于全过程工程咨询市场咨询服务计费方式不统一，项目中标金额表示方法

不一，无法通过营业额计算市场集中度，本文以中标项目频次为变量，计算各地全过程工程咨询市场的集中度。结果显示，寡占型与竞争型全过程工程咨询市场并存，以寡占型市场居多。各地代表城市市场集中度计算结果如表6-1所示。

各地代表城市市场集中度　　　　　　　表6-1

地区	代表城市	项目数量（个）	CR4	CR8	市场结构
东部地区	青岛	121	21.3%	32.0%	低集中竞争型
	南京	156	27.7%	36.4%	低集中竞争型
	杭州	97	24.6%	40.8%	低集中寡占型
	广州	54	29.3%	40.5%	低集中寡占型
	福州	29	30.3%	43.9%	低集中寡占型
中部地区	长沙	227	26.7%	39.7%	低集中竞争型
	哈尔滨	34	35.4%	50.6%	低集中寡占型
	长春	12	46.7%	73%	极高寡占型
西部地区	成都	22	31.58%	47.37%	低集中寡占型
	南宁	18	78.95%	100%	极高寡占型

由表6-1可见，只有青岛、南京和长沙是低集中竞争型市场，其他代表城市均属于寡占型市场，且有长春、南宁两个极高寡占型市场。进一步分析市场结构与项目数量的关系可以发现，项目数量多的地区，市场的竞争程度就高，项目数量越少，越容易形成寡占型市场。这一方面受限于市场集中度的计算需要大量的市场样本，另一方面也体现出市场规模对市场竞争程度的影响。

（4）中标人类型地区差异大

中标人类型是指中标全过程工程咨询项目的企业的"专业属性"，即勘察设计类、项目管理类、综合性工程咨询类、监理类、造价咨询类、招标代理类等，主要通过咨询企业的名称进行识别，以此表征咨询企业对自身的专业定位和市场定位。统计分析发现，东部、中部和西部地区中标人类型差异明显。

东部地区中标人类型呈现"三段式"分布，即按照中标频次大体可划分为三个层次：第一层次是勘察设计类、项目管理类和综合性工程咨询类企业，中标频次高，占据了全过程工程咨询的大部分市场，且三类企业作为第一中标人的项目占比超过77%；第二层次是监理类和造价咨询类企业，有一定的市场占有率和第一中标人占比，但比例均明显低于第一层次的企业；第三层次是投资咨询、招标代理、施工和工程检测类企业，市场占有率更低，以参与为主。中部地区中标人类型呈现"两极分化"，即勘察设计、项目管理、综合性工程咨询及监理类中标人几乎占据了绝大部分市场，第一中标人中标频次占比高达96.8%；投资咨询、造价咨询、招标代理等工程咨询企业的市场占比相当有限，第一中标人占比则极其有限。西部地区中标人类型简单，分布上也呈现"两极分化"，即勘察设计、项目管理、综合性工程咨询中标人中标频次高，第一中标人中标频次占比达92.2%；监理、投资咨询、造价咨询三类工程咨询企业的市场占比比较有限，第一中标人占比更为有限。东、中、西部地区，勘察设计、项目管理、综合性工程咨询三类企业皆表现出明显优势，监理类企业占有一定市场但份额不高，其他类型企业则未显现出明显优势。

（5）项目管理牵头优势较明显

第一中标人类型可以反映当地市场倾向的全过程工程咨询牵头模式。统计分析发现，东部地区"项目管理"牵头凸显"压倒性"优势，中部地区勘察设计、项目管理、综合性工程咨询、监理四类企业均有一定的牵头比例，未体现明显的牵头优势企业，西部地区项目管理类企业有比较明显的牵头优势。综合各地全过程工程咨询市场的表现，项目管理牵头的倾向性更强一些。

6.1.3 建设类型与项目类型

各地区全过程工程咨询项目的建设类型比较丰富，涉及新建、改扩建和迁建项目，东部和中部地区还涉及装饰装修项目，其中新建项目占比最大。

各地全过程工程咨询项目类型丰富，包括住宅、产业园、办公用房、中小学幼儿园、高校、老旧小区改造、保障性住房、医院、大型公建、片区改造等房建项目，以及道路、给水排水、公园、消防站、交通枢纽、环境治理、村镇综合、电力管沟、桥等市政项目。东、中、西部地区房建项目大概是市政项目的2.59、1.49、1.65倍。各地区全过程工程咨询项目类型，尤其是房建项目类型存在一定差异，东部地区采用全过程工程咨询模式的办公和中小学幼儿园、住宅、保障性住房、医院、高校等"民生性"建设项目数量大，而产业园、大型公建等"产业性"项目数量较少；中部地区住宅项目数量最多，产业园、办公用房等"产业性"项目，以及中小学幼儿园、高校、老旧小区改造、保障性住房、医院等"民生性"项目也都有一定数量；西部地区办公用房和医院项目数量最多，其次是高校、产业园、保障性住房和老旧小区改造项目，片区改造、大型公建、中小学幼儿园等项目数量较少。各地区项目类型及占比，能够在一定程度上反映当地建设市场的结构，以及采用全过程工程咨询的倾向性。

6.1.4 咨询服务内容与模式

1.咨询服务内容

各地区全过程工程咨询服务内容均呈现"三段式"分布，如表6-2所示。

东、中、西部地区咨询服务内容分布　　　　　　表6-2

层段	东部地区		中部地区		西部地区	
	服务内容	占比	服务内容	占比	服务内容	占比
第一层段 （占比≥60%）	监理	87.55%	监理	89.3%	造价	82.22%
	造价	85.02%	造价	84.7%	监理	80%
	项目管理	61.60%	—	—	项目管理	66.67%
第二层段 （30%≤占比 <60%）	设计	50.00%	设计	51.3%	设计	33.33%
	勘察	37.55%	勘察	46.0%	勘察	31.11%
	招标代理咨询服务	36.50%	项目管理	36.7%	—	—
第三层段 （占比 <30%）	项目前期咨询	17.72%	项目前期咨询	24.7%	招标代理	25.56%
	工程检测服务	17.30%	招标代理	9.3%	项目前期咨询	24.44%
	BIM咨询	11.18%	工程检测服务	7.0%	BIM咨询	17.78%
	建筑节能与绿色建筑咨询	3.80%	BIM咨询	6.3%	建筑节能与绿色建筑咨询	4.44%
	—	—	建筑节能与绿色建筑	4.7%	—	—

东部地区第一层段的咨询服务内容包括监理、造价和项目管理，监理和造价占比都超过85%，项目管理占比超过60%；第二层段包括设计、勘察和招标代理咨询服务，设计占比刚好是50%，勘察和招标代理占比37%左右；第三层段包括项目前期咨询、工程检测服务、BIM咨询、建筑节能与绿色建筑咨询等服务内容，占比均低于20%。

中部地区第一层段包括监理和造价服务，均超过84%，监理占比高达89.3%，是统计所得最高占比的服务内容；第二层段是设计、勘察和项目管理，约占30%～50%；第三层段是项目前期咨询、招标代理、BIM咨询、建筑节能与绿色建筑咨询、工程检测等咨询服务，占比明显低于前两个层段的服务内容，单项咨询服务内容占比大多在10%以下。

西部地区第一层段包括造价、监理和项目管理，监理和造价占比均超过80%，在三个地区占比相对较低，项目管理占比66.67%，是该项服务内容统计所得最高占比；第二层段包括设计和勘察，占比约在30%；第三层段包括招标代理、项目前期咨询、BIM咨询、建筑节能与绿色建筑咨询，占比均低于30%。

对比三个地区的服务内容可以发现，监理和造价均在第一层段，勘察和设计均在第二层段，其他咨询内容分布存在一定差异。东部和西部地区，项目管理占比都超过60%，在第一层段，而中部地区项目管理占比只有36.7%，明显低于东部和西部地区；东部地区招标代理占比为36.5%，在第二层段，体现出东部地区全过程工程咨询市场对招标的重视；三个地区的项目前期咨询均在第三层段，占比约在15%～25%，反映出全过程工程咨询市场对项目前期咨询尚未充分重视。

各地区各层段包含的咨询服务内容既存在一致性，也存在一定差异，主要表现为四个方面：一是监理、造价、设计、勘察"硬需求"特征突出。东、中、西部三个地区中，监理和造价均位于第一层段，设计和勘察均位于第二层段，监理和造价占比均超过80%，东、中部地区设计占比高于西部地区，中部地区勘察占比高于东、西部地区。二是项目管理占比差异大。东、西部地区项目管理均位于第一层段，占比高于60%，而中部地区项目管理位于第二层段，占比仅有36.7%，明显低于东、西部地区。三是东部地区招标代理表现突出。各地区第一、二层段的服务内容均包含监理、造价、设计、勘察和项目管理五项服务内容，仅有东部地区还包含招标代理服务，占比达36.5%，与中、西部地区相比，凸显东部地区招标代理的突出优势。四是项目前期咨询占比较低。各地区项目前期咨询服务均处于第三层段，占比在20%上下，且其中包含了可行性研究、环境评价等多项前期咨询内容，单个项目大多只包含前期咨询内容中的一项或几项，若拆分统计则占比更低。

2.咨询服务模式

东、中、西部地区全过程工程咨询服务模式灵活多样，既表现出一定的共性特征，也存在比较明显的地区差异，主要的组合模式统计如表6-3所示。

（1）"监理+造价"组合特征突出

各地区全过程工程咨询服务组合模式中，"监理+造价"同时出现的频次都是最高的。东部地区，"监理+造价"共计出现361次，占474个项目的76.2%；

中部地区，"监理+造价"共计出现233次，占311个全过程工程询项目的74.9%；西部地区，"监理+造价"共计出现62次，占90个项目的68.9%。综合计算，统计的全国范围内875个全过程工程咨询项目，"监理+造价"组合出现656次，约占全部项目的75%，即有四分之三的全过程工程咨询项目均包含"监理+造价"组合，充分显示出监理和造价的"硬需求"特征。

东、中、西部地区全过程工程咨询服务组合模式统计　　　　表6-3

模式	东部地区		中部地区		西部地区	
	总频次	占比	总频次	占比	总频次	占比
"监理+造价"	361	76.2%	233	74.9%	62	68.9%
"项目管理+监理+造价"	206	43.5%	78	25.08%	41	45.6%
"勘察+设计+监理+造价"	87	18.35%	74	23.80%	14	15.56%

（2）"项目管理+监理+造价"模式优势较明显

东部地区"项目管理+监理+造价"的组合模式出现频次最多，共有80次，若叠加其他组合模式中包含"项目管理+监理+造价"的，共计206次，占东部地区全部项目的43.5%，即有43.5%的全过程工程咨询项目都包含"项目管理+监理+造价"组合服务。西部地区"项目管理+监理+造价"的组合模式共出现16次，若叠加其他组合模式中包含"项目管理+监理+造价"的，共计41次，占西部地区全部项目的45.6%。中部地区"项目管理+监理+造价"的组合模式共出现51次，若叠加其他组合模式中包含"项目管理+监理+造价"的，共计78次，占中部地区全部项目的25.08%。可以看到，东、西部地区全过程工程咨询市场中"项目管理+监理+造价"组合模式的优势明显，比较而言，中部地区"项目管理+监理+造价"组合模式和"勘察+设计+监理+造价"模式优势相当，与东、西部地区存在一定差异。

（3）服务模式"弹性"大，牵头特征较突出

东、中、西部各地区全过程工程咨询服务模式分布均呈现较大的离散性，除上述"监理+造价""项目管理+监理+造价""勘察+设计+监理+造价"外，尚有十分丰富的咨询服务模式。由此可见，全过程工程咨询的服务范围、内容和模式均非常有"弹性"，相关政策与建筑市场的实际情况相吻合，均体现了这一特征。相比而言，优势牵头企业的性质已初步呈现，即项目管理牵头优势最明显，其次是设计牵头。

6.2 全过程工程咨询市场发展展望

6.2.1 政策环境的优化

政策环境对全过程工程咨询市场的影响直接而重大。在国家和地方层面政策的积极引导和鼓励下，全过程工程咨询市场已初步形成。然而，由于政策制定的导向性及经济环境、产业环境的影响，各地区全过程工程咨询市场的规模呈现出较大差异，发展比较快的地区，统计年度内已经有上百个项目落地实施，而有些地区项目数量极其有限，有些地区还没有开展全过程工程咨询实践。与各地政策相较可发现，政策制定和出台积极、政策条文指导性强的地区，全过程工程咨询市场发展的速度快、规模大，反之亦然。因此，各地应因地制宜地制定全过程工程咨询发展政策，不断细化和完善政策体系。2017年至今，国家相关行政管理机构和各地相关行政管理机构已发布一批引导性政策和鼓励性政策，部分地区制定了管理标准、招标办法、合同范本等实施细则。随着全过程工程咨询市场实践的逐步深入，应及时总结先进经验，着力制定和完善项目管理规范、招标管理办法、合同范本等规范性政策文件，以及老旧小区改造、产业园等各类建设项目全过程工程咨询管理的相关标准和规范，以规范全过程工程咨询市场行为和项目实施标准。

6.2.2 市场环境的营造

历经五年的引导、试点和培育，全过程工程咨询市场已初步形成。由于全过程工程咨询的推行尚处初期，各地区市场特征差异大，有待逐步平衡和完善。全过程工程咨询是建筑业供给侧结构性改革的重要举措，是工程咨询领域的创新模式，在市场环境营造和应用中，应从五个方面加以完善。

一是接受和允许地域性差异。各地经济社会发展及建筑行业发展均存在本质性差异，全过程工程咨询市场的培育也应因地制宜，既要大力引导、鼓励创新，又要重点考虑当时当地的市场发展环境和基础稳步推进，促进各地市场选择适应的发展模式。

二是着力构建多样化的市场环境，根据建设项目属性和特征，选择适宜的咨询服务模式，既要为全过程、跨阶段、一体化的全过程工程咨询培育市场，又要规避"一刀切"式的单一市场。

三是充分发挥全过程工程咨询"弹性"咨询服务优势。全过程工程咨询服务周期长、咨询内容多，应充分发挥"弹性"咨询服务的优势，构建灵活多变的服务模式，最终形成以项目定模式的订单式服务市场，最大限度发挥工程咨询的把脉、护航作用，助力工程建设项目的高收益投资、高品质建造、高效率运行。

四是积极培育全过程工程咨询牵头人。全过程工程咨询的推行，将带动工程咨询市场向"大咨询"发展，其中起关键作用是咨询项目牵头人。经研究，工程市场中项目管理企业和设计企业牵头优势较明显，项目管理类企业市场优势更突出，因此应着力培育各地区的牵头人，从整体上带动全过程工程咨询服务质量的提升。

五是推动咨询服务科学计费方式。咨询服务费用标准是打通需求方与供给方市场最重要的桥梁，唯有科学、合理的费用标准，才能构建健康的市场。当前全过程工程咨询市场交易信息反映出的计费方式、费率标准均呈现出较大差异性，各地应结合当地市场实际加以规范。

6.2.3 咨询服务主体的转型发展

咨询服务模式的转变，必然带动咨询服务主体的转型发展。从统计分析的市场交易信息来看，只有少数地区形成了竞争型全过程工程咨询市场，大部分地区皆属于寡占型市场。这一方面是受到市场规模的影响，导致市场结构分析结果代表性稍欠，另一方面也反映出全过程工程咨询市场上有竞争力的咨询服务主体数量尚有欠缺。因此，在全过程工程咨询发展背景下，咨询服务主体应综合衡量自身条件和外部环境，做好积极应对。全过程工程咨询市场联合体中标特征较显著，同时也有部分实力强大的咨询企业表现突出，在全过程工程咨询市场发展初期即获得较大市场份额。因此，咨询服务主体首先应找准市场定位：

一是"做大"，即完善咨询服务业务，构建"大咨询"业务格局，培育全过程服务、全专业融合、一体化咨询的工程咨询核心竞争力，在咨询市场中抢占份额，争当"牵头人"。从全过程工程咨询市场实际情况来看，部分咨询服务主体已经开始积极迎合工程咨询市场的变化和需求，抢占全过程工程咨询市场先机，具有代表性的就是综合性工程咨询企业，市场份额和牵头优势在各个地区均比较突出。

二是"做专"，即做精做优专业咨询，提升专业咨询服务能力，既能以联合体的形式参与全过程工程咨询市场的角逐，又能把稳传统工程咨询市场，稳步发展。全过程工程咨询是当前大力推动的工程咨询模式，但从市场交易信息可以看到，全过程工程咨询市场的发展十分不平衡，全过程工程咨询市场与传统工程咨询市场或将长期共存。做精做优专业咨询，提升咨询服务能力，是持续立于工程咨询市场的重要基础。

市场交易信息的统计研究显示，全过程工程咨询市场具有显著的"本地化"属性，这是由工程咨询，尤其是全过程项目管理、监理等需"驻场"的咨询服务属性决定的。"本地化"属性对咨询服务主体的发展策略具有举足轻重的影响。也就是说，无论是做大还是做专，首先应立足"本地"市场的相关政策和市场竞争格局，当形成一定规模和实力后，可辐射周边及拓展全国市场。

[1] 刘芳.论工程咨询企业转型发展全过程工程咨询的策略[J].建筑科技，2021，5（3）：115-118.

[2] 朱娟，易冰源，刘芳.全过程工程咨询发展报告[R].北京：亚太建设科技信息研究院有限公司，2021.

[3] 国家发展改革委，住房城乡建设部.关于推进全过程工程咨询服务发展的指导意见[EB/OL].（2019-03-15）https：//www.ndrc.gov.cn/xxgk/zcfb/ghxwj/201903/t20190322_960960.html?code=&state=123.

[4] 住房和城乡建设部.关于征求《房屋建筑和市政基础设施建设项目全过程工程咨询服务技术标准（征求意见稿）》意见的函[EB/OL].（2020-4-27）https：//www.mohurd.gov.cn/gongkai/fdzdgknr/zqyj/202004/20200427_245200.html.

[5] 住房城乡建设部.关于促进工程监理行业转型升级创新发展的意见[EB/OL].（2017-7-13）https：//www.mohurd.gov.cn/gongkai/zhengce/zhengcefilelib/201707/20170713_232614.html.

[6] 住房城乡建设部.关于印发工程勘察设计行业发展"十三五"规划的通知[EB/OL].（2017-5-8）https：//www.mohurd.gov.cn/gongkai/zhengce/zhengcefilelib/201705/20170508_231759.html.